RCEP框架下

中国出口贸易
高质量发展问题研究

王　琳　谭雍盛／著
王怡凡　杨娇娇

西南财经大学出版社
中国·成都

图书在版编目(CIP)数据

RCEP 框架下中国出口贸易高质量发展问题研究/王琳等著.—成都:
西南财经大学出版社,2023.11
ISBN 978-7-5504-5962-5

Ⅰ.①R… Ⅱ.①王… Ⅲ.①出口贸易—贸易发展—研究—中国
Ⅳ.①F752.62

中国国家版本馆 CIP 数据核字(2023)第 204281 号

RCEP 框架下中国出口贸易高质量发展问题研究
RCEP KUANGJIA XIA ZHONGGUO CHUKOU MAOYI GAOZHILIANG FAZHAN WENTI YANJIU
王琳 谭雍盛 王怡凡 杨娇娇 著

策划编辑:孙 婧
责任编辑:孙 婧
助理编辑:陈婷婷
责任校对:李 琼
封面设计:墨创文化
责任印制:朱曼丽

出版发行	西南财经大学出版社(四川省成都市光华村街 55 号)
网 址	http://cbs.swufe.edu.cn
电子邮件	bookcj@swufe.edu.cn
邮政编码	610074
电 话	028-87353785
照 排	四川胜翔数码印务设计有限公司
印 刷	成都市火炬印务有限公司
成品尺寸	170mm×240mm
印 张	10.75
字 数	186 千字
版 次	2023 年 11 月第 1 版
印 次	2023 年 11 月第 1 次印刷
书 号	ISBN 978-7-5504-5962-5
定 价	68.00 元

前　言

　　"高质量发展"是 2017 年习近平总书记在党的十九大报告中首次提出的新表述，表明中国经济已由高速增长阶段转向高质量发展阶段。贸易作为经济发展的关键驱动力，是经济高质量发展的重要组成部分，对一国经济企稳增长至关重要。2021 年我国商务部发布了《"十四五"对外贸易高质量发展规划》，提出要优化货物贸易结构、创新发展服务贸易、加快发展贸易新业态，推进内外贸一体化，营造良好发展环境等，为我国贸易高质量发展提供了关键抓手和政策基础。随着逆全球化思潮和贸易保护主义势力不断抬头，世界经济动荡加剧，贸易摩擦呈现频繁化、复杂化和长期化趋势，尤其美国实行单边主义、扰乱全球产业链的行径给世界经济复苏带来更大的不确定性。此外，新冠病毒感染疫情的暴发对全球供应链和生产网络产生长期不利影响，世界各国面临经济恢复分化与全球流动受阻等问题，多极格局在大国博弈中日渐显现，百年未有之大变局也加速了世界经贸格局、贸易规则和体系的变革，依靠劳动力和资源优势的传统贸易形态不可持续的问题进一步凸显，贸易高质量发展成为建设贸易强国的必经之路。

　　《区域全面经济伙伴关系协定》（RCEP）作为当前签订的全球最大的自由贸易协定，不仅开创了中国全方位对外开放新格局，推动了国内经济结构调整和稳定发展，而且对促进亚太地区经济一体化乃至世界经贸规则重构都具有重要意义。RCEP 生效以来，各成员国贸易往来更加密切，区域内贸易成为拉动贸易增长的关键力量。我国国内企业可以依托 RCEP 统一大市场，充分利用 RCEP 规则和机制，并结合自身业务发展需求和RCEP 产业链、供应链的优势，优化区域资源配置，实现转型升级，以提高生产质量和效率，不断扩大优势产品进出口规模，持续推动贸易高质量发展。鉴于此，本书紧紧把握高质量发展这个新时代的根本要求和鲜明导向，从 RCEP 文本入手，对 RCEP 框架下中国出口贸易高质量发展的若干重大问题展开深入研究。本书首先阐述了 RCEP 的起源与发展，中国与 RCEP 其他成员国的贸易合作现状，以及双边经贸合作对各自的影响；其次从 RCEP 关税减让、海关程序和贸易便利化、投资负面清单和经济技术合作四个方面分析了 RCEP 的生效对中国出口贸易高质量发展的影响。研究 RCEP 对出口高质量发展的影响，无论是对于发展和完善中国特色社会主义政治经济学理论，还是对于实施供给侧结构性改革、推动经济全面转型升级、跨越中等收入陷阱等经济工作实践都具有十分重要的意义。因此，本书的核心观点如下：

第一，通过总结我国与 RCEP 其他成员国的贸易合作现状发现，东盟依然保持着我国第一大贸易伙伴国地位，无论是进出口规模还是增速均处于快速发展阶段；相较于中日贸易规模的缓慢发展，中韩贸易规模呈现强劲的扩大趋势，2022 年韩国超越日本成为我国第四大贸易伙伴国；在 RCEP 生效的一年中，中国与新西兰的贸易关系不断升级，进出口总额呈现上升趋势；中澳经贸规模保持平稳，有待进一步释放经贸潜能。

第二，通过对 RCEP 生效前各成员国进口关税税率进行测度发现，中国对 RCEP 其他成员国的进口关税基准税率没有表现出明显的国别差异，但部门差异较为显著，农林牧渔业的进口关税税率高于采矿业和制造业。关税减让作为 RCEP 文本中最核心的部分，此项措施的生效对各成员国的宏观经济产生了积极影响，但对非 RCEP 成员国的 GDP、贸易、福利水平均有不同程度的冲击。RCEP 关税减让措施的生效扩大了我国中高技术制造业和高技术制造业的出口规模，在 RCEP 成员国中东盟中高技术制造业和高技术制造业的出口规模增长幅度最大。

第三，通过对 RCEP 成员国贸易便利化水平进行测度发现，2013—2018 年 RCEP 各成员国的贸易便利化水平均有提高，其中新加坡、新西兰、日本排名前列，韩国、中国等处于中等位置，柬埔寨、菲律宾等则处于低位。基于此，本书进行实证研究发现，无论是从出口规模还是出口增加值角度，RCEP 成员国的贸易便利化均能促进中国出口高质量发展。因此，在"海关程序和贸易便利化"条款的推动下，RCEP 各成员国的贸易便利化水平不断提升，会有效促进中国出口规模扩大和出口增加值提高。

第四，通过对 RCEP 文本中的投资章节进行考察发现，RCEP 成员国中发达国家保留不符措施的数量明显高于发展中国家，对外资的限制相较于发展中国家也更加具体，韩国、文莱、马来西亚和新加坡保留本国在未来时期采取更具限制性外资进入政策的权力。RCEP 投资负面清单制度生效后，给 RCEP 成员国带来了无差别的巨大经济效应，对非 RCEP 成员国的影响甚微。此外，RCEP 投资负面清单制度的实施显著促进了中国中高技术制造业和高技术制造业的对外出口，且这种促进效应在长期更为明显。

第五，经济技术合作是 RCEP 文本中的重要组成部分，可以最大限度地减少 RCEP 成员国之间资源的重复使用，实现 RCEP 成员国与其自由贸易伙伴国之间的互惠互利最大化。国际间的经济技术合作作为技术创新的重要方式之一，对于各国出口贸易质量的提升具有显著的促进作用，相较于发达国家，技术创新合作对于发展中国家出口贸易质量的提升具有更深远的影响。

需要说明的是，本书由王怡凡、杨娇娇、谭雍盛和王琳拟定研究框架，由王琳完成最终审阅定稿。本书具体执笔情况如下：第 1 章和第 7 章由谭雍盛执笔，第 2 章和第 5 章由王琳执笔，第 3 章和第 8 章由杨娇娇执笔，第 4 章和第 6 章由王怡凡执笔。本书的顺利出版得到了西南财经大学出版社的支持，这里表达诚挚谢意。当然，文责自负，欢迎读者们批评指正。

王琳

2023 年 6 月

目　录

1 绪论

1.1 研究背景与意义

1.1.1 研究背景

1.1.1.1 中国高质量出口贸易的转变

在过去 40 多年时间里,中国的经济高速发展,尤其是在国际贸易领域,中国已发展成为第一大货物贸易国,2022 年货物贸易出口额达 42.07 万亿元,较 2013 年增长 62.9%,服务贸易规模自 2014 年起稳居世界第二。中国的贸易结构不断优化,汽车、船舶等高技术、高附加值产品逐步成为新的出口增长点,知识密集型服务贸易占比从 2012 年的 33.6% 提升至 2022 年的 41.9%。中国对外贸易规模的不断扩大与质量的稳步提升,为宏观经济稳定运行做出了重要贡献,对经济社会发展具有重要促进作用。2022 年货物和服务贸易净出口拉动 GDP 增长 0.5 个百分点,对 GDP 增长的贡献率达到 17.1%。中国在积极融入全球经济体系参与全球价值链的过程中,不断扩大外贸"朋友圈",与贸易伙伴在经济上相互融合,共同推动全球化深入发展。中华人民共和国海关总署数据显示,2022 年我国对东盟、欧盟、美国的进出口分别为 6.52 万亿元、5.65 万亿元和 5.05 万亿元,同比增长 15%、5.6% 和 3.7%。同时,我国与"一带一路"沿线国家的贸易关系持续深化,2022 年我国对"一带一路"沿线国家的进出口为 13.83 万亿元,同比增长 19.4%,占外贸总额比重为 32.9%,对 RCEP 其他成员国进出口增长 7.5%。

在取得举世瞩目成就的同时,中国外贸发展也面临不少瓶颈制约。在世界经济增长动能减弱与国际贸易环境复杂变化的背景下,中国出口贸易面临的不稳定性与不确定性因素增多。2022年以来，全球经济面临多重挑战，通货膨胀水平达到几十年来最高，主要发达经济体实行紧缩的货币政策，地缘冲突影响持续外溢，全球经济承压增大，世界贸易增长放缓。世界贸易组织（WTO）于2022年10月发布的《贸易统计及展望》预计2023年全球货物贸易增速将大幅下降至1.0%。世界经济贸易形势复杂严峻，全球贸易壁垒高筑，贸易摩擦还在不断加剧。作为全球第一大经济体，美国政府频繁采取强硬的贸易保护限制措施，强力推行"美国优先"的单边主义。我国的出口商品在一些关键技术领域、关键原材料与零部件领域受到制裁与打压，面临与美国科技脱钩、产业脱钩和金融脱钩的风险。贸易保护主义行为严重扰乱了全球贸易秩序发展，也对我国出口贸易发展带来严峻挑战。

随着新一轮科技革命和产业变革的深入发展，经济全球化的驱动机制由资本和成本驱动转向创新与知识驱动，由此引发了全球价值链重构。全球价值链生产中的增值能力是一国出口竞争力最重要的体现，与贸易强国相比，中国的国内出口增加值与其还存在一定差距，宏观表现在中国出口产品价值构成中外国增加值占比较高，微观表现在外资企业在中国出口规模中占比较高。从中国出口贸易自身发展特征来看，出口贸易竞争力的提升受到生产要素禀赋的结构约束，技术创新水平的制约，以及国内配套能力限制等一系列因素的影响。因此，在我国经济发展方式转变的关键时期，出口贸易作为关键一环迫切需要做出改变。党的二十大报告明确提出要"推进高水平对外开放"，要"依托我国超大规模市场优势，以国内大循环吸引全球资源要素，增强国内国际两个市场两种资源联动效应，提升贸易投资合作质量和水平"。对外贸易作为我国开放型经济的重要组成部分和国民经济发展的重要推动力量，是畅通国内国际双循环的关键枢纽，促进出口贸易的优化升级与高质量发展对于推动我国经济发展质量变革与建设现代化经济体系具有重要意义。

1.1.1.2 RCEP的实施为中国出口贸易带来重大机遇

2022年1月1日起，《区域全面经济伙伴关系协定》（Regional Comprehensive Economic Partnership，RCEP）对15个成员国逐步生效，该协定覆盖22亿人口，约占世界人口的三分之一，15个成员国的GDP和出口总额约占全球总量的30%，是全球规模最大的自由贸易协定。RCEP的实施有效促进了中国与其他成员国之间的贸易发展，成为新发展格局下推进高水平对外开放的重要平台。2020 年以来，受新冠病毒感染疫情（以下简称"疫情"）的影响，全球供应链受阻，欧美国家通胀高企，中国对西方国家的出口贸易额增速不断趋缓，但是中国出口到东方国家的贸易，尤其是对 RCEP 其他成员国的货物贸易增速保持较快增长，占中国出口总贸易额的比重也在不断上升，RCEP 区域内的经贸往来已成为中国出口贸易的重要支撑。2022 年中国对 RCEP 成员国的出口贸易额达 12.95 万亿元，同比增长 7.5%，显著高于同期中国对欧盟、美国的出口贸易增速，对我国出口拉动效果显著。东盟继续超越欧盟保持中国第一大贸易伙伴地位，进出口规模达到 6.52 万亿元，占我国外贸比重达 15.5%。此外，RCEP 的签署使得中日韩三国间的经济合作实现了制度性的突破，为三国经贸合作提供了良好的制度框架，促进了彼此间的经济与贸易增长。关税减让与原产地积累规则使得中国企业受益明显，进一步提升了产品的海外竞争力。RCEP 还为中日韩间的投资领域提供了更多机遇，2022 年日本、韩国对华投资实现了较快增长，在对华投资国中双双位列前四。RCEP 区域内的贸易增长不仅有助于消化中国在顺周期时积累的巨大产能，还有助于中国充分利用各国的要素禀赋实现自身的产业转移和升级，优化中国在区域内进行的供应链、产业链的高效布局，推动对外贸易高质量发展。

1.1.2 研究意义

在我国积极推进对外贸易创新发展与 RCEP 战略实施的双重背景下，研究 RCEP 框架下中国出口贸易高质量发展具有深刻且重要的理论及现实意义。

1.1.2.1 理论意义

本书以 RCEP 为研究视角，是对贸易高质量相关理论的横向拓展。RCEP 目前仍处于起步阶段，其具体运作模式也在与当前监管政策的博弈中不断进行创新和实践，亟需相关理论的指导以保证其处于正确的发展轨道。但当前学术界关于 RCEP 和贸易高质量发展关系的研究几乎没有，尚未形成一套较为清晰的逻辑框架和完善的理论体系。鉴于此，本书探讨了 RCEP 对出口贸易高质量发展的影响效应和作用机理，对于相关理论体系的完善具有重要的理论意义。

国内外学者围绕经济高质量发展议题经历了经济增长、狭义经济增长质量、广义经济增长质量和经济高质量发展研究阶段，学者们关于出口贸易的研究，也从出口贸易数量转向出口贸易结构、出口产品质量等方面。现有关于出口贸易高质量发展的研究主要是将出口技术复杂度作为衡量出口产品质量的指标，并采用实证方法研究其他经济因素对出口技术复杂度的影响。本书在实证检验 RCEP 对我国出口贸易高质量发展影响的基础上，采用政策模拟的方法研究了 RCEP 生效对我国出口贸易高质量发展的短期和长期影响，以期为该领域的研究提供借鉴。

1.1.2.2 现实意义

中国经济已由高速增长阶段转向高质量发展阶段，然而，复杂的世界经济形势、中美贸易摩擦和疫情给我国经济高质量发展进程带来了阻碍，如何应对严峻的国际形势从而实现经济高质量发展成为亟待解决的问题。党的二十大报告明确提出我国要推进高水平对外开放，提升贸易投资合作质量和水平。本书紧紧把握高质量发展这一首要任务，以《区域全面经济伙伴关系协定》（RCEP）生效实施为契机，对中国出口贸易高质量发展的若干重大问题展开深入研究，并试图寻求在高质量发展导向下提升出口竞争力的可行路径，以期为我国政府制定更加合理而准确的发展战略和产业政策提供理论依据及指导建议，有助于我国应对中美贸易摩擦、疫情对经济的冲击，推动构建以国内大循环为主体、国内国际双循环相互促进的新发展格局。因此，研究 RCEP 框架下的出口贸易高质量发展具有重要的现实意义。

1.2 研究思路与方法

1.2.1 研究思路

本书旨在运用经济学理论与方法研究在 RCEP 框架下如何推动中国出口贸易的高质量发展，并提出促进我国出口贸易高质量发展的建议。本书的研究思路沿着"现状分析—规范研究—实证研究"的脉络进行：首先梳理了 RCEP 的起源与发展；其次通过计量经济学的回归分析，探究各个因素对于促进我国出口贸易高质量发展的影响；最后根据回归结果提出针对性建议。本书的具体研究思路和内容如下：

第 1 章是绪论。本章主要介绍了本书的研究背景、研究意义、研究思路和研究方法。

第 2 章是 RCEP 的起源与发展。本章首先简要回顾了亚洲金融危机后该地区试图通过推进经济合作复苏东亚经济的萌芽想法，到 2012 年 RCEP 谈判启动时该想法的具体实现；其次，梳理了 RCEP 的谈判历程，根据谈判进度将 8 年的历程分为缓慢推进、加速推进和凝心聚力三个阶段，并在此基础上分析了谈判过程中遇到的瓶颈问题；最后，介绍了 RCEP 的发展前景，包括对亚洲经济一体化的积极影响和发展过程中可能面临的考验两个方面。

第 3 章是中国与 RCEP 成员国贸易合作现状。本章分别从整体贸易合作现状、中国与东盟的贸易发展现状、中国与日本的贸易发展现状、中国与韩国的贸易发展现状、中国与澳大利亚和新西兰的贸易发展现状五个方面深入分析了中国与 RCEP 其他成员国贸易合作的现状。

第 4 章是出口高质量发展的核心内涵。首先，本章梳理了研究出口高质量发展的背景，并重点从 RCEP 签署和保障实施的角度入手，分析 RCEP 对中国贸易高质量发展的意义。其次，本章梳理了出口高质量的内涵及相关理论，从相关术语的内涵界定入手，分别解释了出口质量和出口高质量的内涵。出口高质量是出口质量内涵的延伸，涵盖出口产品质量、出口竞争力、出口技术含量、全球价值链分工地位等多个层面的内容。在内涵界定的基础上，本章还分别概述了各个层面的相关贸易理论，系统梳理了新贸易理论和新新贸易理论、南北贸易模型、贸易竞争力相关理论以及基于全球价值链的国际分工理论，也为后文出口高质量测度指标的介绍奠定了理论基础。最后，本章基于对出口高质量内涵的界定，介绍了四种测度出口高质量的指标，包括基于价格衡量的出口产品质量、从需求角度衡量的出口质量，以及当前学术研究中更为常用的出口技术复杂度和出口增加值指标，在一定程度上揭示了与出口质量核算相关的研究成果的演进过程，为后文涉及出口高质量的研究奠定了基础。

第 5 章是 RCEP 关税减让与中国出口贸易高质量发展。本章首先介绍了研究背景并对相关的理论和文献进行了梳理，理论基础主要包括古典贸易理论、新古典贸易理论和新贸易理论三个部分，文献综述主要从关税减让的贸易效应和贸易高质量发展两个方面展开；其次根据 RCEP 文本测算了协定生效前 RCEP 成员国各种商品的基准税率，并根据测算结果对 GTAP 数据库进行更新校准；最后在 RUNGTAP 中设定关税减让的模拟情景，并对得到的模拟结果进行分析。

第 6 章是 RCEP 海关程序和贸易便利化与中国出口贸易高质量发展。首先，本章重点解读了 RCEP 文本中《海关程序和贸易便利化》的相关内容，以凸显 RCEP 对贸易便利化的重视，揭示本章的研究意义。其次，本章梳理了贸易便利化的内涵和相关理论，先从贸易便利化的内涵界定入手，系统梳理了各国际组织对贸易便利化的基本认识，在此基础上从贸易成本视角梳理了相关理论，并介绍了关于贸易成本的理论度量方法，为后文贸易便利化的相关定量分析奠定理论基础。再次，本章构建了 RCEP 国家贸易便利化综合指标，利用主成分分析得到测算指数并进行对比分析，为后文进一步实证分析奠定基础。最后，本章基于计算得到的 RCEP 国家贸易便利化水平，主要衡量了 RCEP 贸易便利化水平对中国出口规模、出口增加值的影响。

第 7 章是 RCEP 投资负面清单与中国出口贸易高质量发展。首先，本章介绍了研究背景并对相关文献进行梳理，文献综述主要从出口规模、出口竞争力和出口技术复杂度三个方面展开，在此基础上从竞争效应和模仿示范效应两个方面分析了投资负面清单制度影响出口贸易高质量发展的机制。其次，本章介绍了 RCEP 文本中的投资负面清单制度，并对各成员国的不符措施的数量进行梳理。最后，本章采用 GTAP 模拟投资负面清单制度生效对出口贸易的短期和长期影响。

第 8 章是 RCEP 经济技术合作与中国出口贸易高质量发展。本章利用 2010—2021 年 RCEP 主要成员国的出口贸易数据，将国际专利合作数据作为衡量 RCEP 成员国经济技术合作的指标，实证检验了国际技术合作对出口贸易质量的影响，研究发现国际技术合作作为技术创新的重要方式之一，对于各国出口贸易质量的提升具有显著的促进作用。相较于发达国家，技术创新合作对于发展中国家提升出口技术复杂度具有更深远的影响。

1.2.2 研究方法

本书采用的主要研究方法如下：

文献分析与归纳法。文献分析与归纳法可以广泛地收集或综合现有的研究成果，以为后续的分析奠定坚实基础。同时，文献研究也是创建理论框架和构建概念模型的关键组成部分。本书在综合相关研究的基础上，为 RCEP 和出口高质量发展探索了新的研究领域。

计量分析法。计量分析法是将统计方法应用于经济数据的方法，该分析方法从某种现象的理论解释或某些变量如何相互关联的假设开始，在经济理论的基础上建立模型、获取相关数据并进行分析和检验。本书的实证部分主要使用多种计量方法进行分析，以得出相关变量的关系，并进行多种检验及拓展分析。

　　模拟预测法。本书运用的模拟预测法是通过 GTAP 模型和 RUNGTAP 软件实现的。GTAP 模型是美国普渡大学 Hertel 于 1997 年设计的一种大型全球 CGE 模型。它通过构建单个国家或地区的生产、消费与政府支出等行为子模型，然后通过国际贸易关系，将各子模型连接成一个多国家、多部门的 CGE 模型。通过该模型可以设定相关情景，并以此测度政策冲击对一国或多国宏观经济和产业部门产出的影响。

2 RCEP 的起源与发展

RCEP 设想最早是 2011 年 11 月在印度尼西亚（以下简称"印尼"）巴厘岛举行的东亚峰会上提出来的。2012 年 11 月，在柬埔寨金边举行的第 21 届东盟峰会上，东盟 10 国与中国、日本、韩国、印度、澳大利亚、新西兰的领导人共同发布了《启动〈区域全面经济伙伴关系协定〉（RCEP）谈判的联合声明》，这标志着一个覆盖 16 个国家的东亚自由贸易区建设正式启动。从 2013 年 5 月举行首轮谈判，到 2017 年 11 月首次领导人会议、2019 年 11 月印度退出，直至 2020 年 11 月正式签署，整个过程历时近 8 年。2020 年 11 月 15 日，历经 8 年的反复谈判，东盟 10 国以及中国、日本、韩国、澳大利亚、新西兰 15 个成员国经贸部长正式签署《区域全面经济伙伴关系协定》（RCEP），此举成为东亚经济一体化建设近 20 年来最重要的成果。当前，世界经济下行压力持续加大，世界主要经济体增速同步放缓。在疫情全球肆虐、逆全球化思潮涌动、贸易保护主义盛行的多重影响下，全球化受到巨大挑战，区域一体化日渐成为全球化的重要补充。RCEP 作为一个大型的区域贸易协定，通过汇集包括发达国家和发展中国家等不同利益集团在内的经济体构建统一的自由贸易区，对于深化区域经济一体化、稳定全球经济具有标志性意义。RCEP15 个成员国的 GDP 总额约 26.2 兆美元，出口总额约 5.5 兆美元，涵盖全球 22 亿人口，国内生产总值、出口总额和人口约占全球总量的 30%，RCEP 的正式签署标志着当前世界上人口最多、经贸规模最大、最具发展潜力的自由贸易区正式启航。

本章首先简要回顾了亚洲金融危机后该地区试图通过推进经济合作复苏东亚经济的想法，到 2012 年 RCEP 谈判启动时该想法的具体实现；其次，梳理了 RCEP 的谈判历程，根据谈判进度将 8 年的历程分为缓慢推进、加速推进和凝心聚力三个阶段，并在此基础上分析了谈判过程中遇到的瓶颈问题；最后，介绍了 RCEP 的发展前景，包括对亚洲经济一体化的积极影响和发展过程中可能面临的考验两个方面。

2.1 RCEP 的起源

20 世纪 90 年代以前，冷战氛围笼罩全球，东亚经济体受冷战阶段意识形态斗争的影响被分割成两大阵营。两大阵营的经济体之间虽然存在经贸合作的巨大潜力，但意识形态的分歧阻碍了政府间的经济合作。1991 年苏联解体，其在东亚的势力进一步收缩，两大阵营的对抗基本消失，但此后东亚的经济一体化仅在市场力量的推动下进行，缺乏政府间的制度推动，导致经济合作进展缓慢，合作的层次也较低，这一阶段的经济合作多以次区域合作为主。1997 年亚洲金融危机的爆发成为东亚经济一体化进程的第一个转折点。1997 年亚洲金融危机首先在泰国爆发，泰铢贬值幅度超30%，其他东南亚国家受泰铢波动的影响，相继陷入金融危机，金融危机迅速在整个亚洲蔓延开来。此次金融危机对亚洲国家的经济影响是巨大的，终结了"亚洲四小龙"的增长奇迹，将高速发展的日本经济拉下"神坛"，使之陷入近 20 年的经济停滞期。东盟国家受到危机影响，经济实力被严重削弱，吸引外资和扩大出口的优势不断丧失，东盟国家更加意识到将推进经济合作、加强与伙伴国的深度融合作为关键发展战略的重要性。与此同时，中国在区域内不断上升的影响力和领导力、世界贸易组织贸易自由化的谈判失败以及东亚各国根深蒂固的经济依存关系，使得东亚经济体寻求诸边或区域自由贸易协定，通过更广泛的合作机制加深与周边地区的融合成为必然。

东亚经济合作的序幕由此拉开。1999 年第三次东盟与日韩（10+3）领导人会议发表了《东亚合作联合声明》，并且成立了"东亚展望小组"，以积极推动东亚在各个领域的合作。2000 年东盟和中日韩三国签订了《清迈倡议》，东亚货币金融合作迈出了实质性的一步，建立了东亚"10+3"经济合作模式的雏形。2001 年东亚开始考虑建立一个区域范围的自由贸易协定。2001 年 10 月，东亚展望小组在向东盟和中日韩领导人提交的报告中提议建立东亚自由贸易区（EAFTA），该建议于 2002 年 11 月得到东亚研究小组（EASG）的进一步支持。同时，中国、日本和韩国相继与东盟签订了经济合作协定，东亚区域合作的"10+3"框架正式建立。后来又形成了论坛性质的东亚峰会，把澳大利亚、新西兰和印度也吸纳进入合作的阵营，至此，东亚一体化就在"10+3"和"10+6"框架的基础上逐步推进。2004年，"10+3"经济部长根据东亚研究小组的提议成立了联合专家组，随后提交了第一阶段报告，并于2006年向"10+3"经济部长建议在2007年启动东亚自由贸易区。在2007年1月举行的第十次"10+3"领导人会议上，联合专家组提交了更为详尽的关于如何实现东亚自由贸易协定的第二阶段研究报告。与此同时，东盟开始与其主要贸易合作伙伴中国、日本、韩国、印度、澳大利亚和新西兰进行双边自由贸易协定的谈判。东盟也由于在东亚地区率先启动和建成自由贸易区，使得自身在东亚区域经济一体化的格局中处于非常有利的核心地位，成为推动东亚经济合作的主导力量。

在以东盟为中心的东亚经济合作框架有序推进的过程中，日本于2006年8月提出一项平行议程，建立包括"10+3"、澳大利亚、新西兰和印度在内的东亚全面经济伙伴关系（CEPEA）。与建立东亚自由贸易区（EAFTA）的提议类似，日本于2008年6月提交了第一阶段研究报告，阐述了实现CEPEA的具体路径。2008年8月，"10+6"经济部长同意进一步开展关于CEPEA的第二阶段研究，要求研究小组详细说明协定中关于成员国经济合作、关税减让、贸易便利化和制度发展的具体构想。在16国对EAFTA和CEPEA提案展开激烈辩论的同时，改变东亚经济一体化进程的第二个转折点也在悄然发生。2008年的全球金融危机让东亚地区经济再次陷入困境。东亚地区多数国家实行出口导向的发展战略，经济增长高度依赖发达国家市场，但此时深受危机影响的美国和欧洲消费能力降低，进口需求骤降，东亚国家的出口导向战略难以为继。幸运的是，与世界其他地区不同，在该地区蓬勃发展的内部市场和强劲的经济基本面支撑下，东亚国家很快摆脱了危机的影响，凭借自身生产要素的比较优势，成为全球中间产品的主要生产基地和最终产品的主要市场。此次金融危机又一次对东亚国家敲响了警钟，东亚国家充分认识到东亚区域经济合作对于稳定东亚经济、减少对外依赖和促进东亚经济可持续发展的重要性。东亚各国必须摒弃前嫌、团结一致，以务实的态度加快东亚经济一体化的步伐，形成东亚地区在世界经济中的有利地位，以获取东亚经济稳定发展的更大利益。

2008年全球金融危机后，美国为扩大其在包括东亚在内的亚太地区的经济和政治影响力，颠覆中国主导的东亚经济合作以巩固自身霸权，于

2009 年正式决定参与跨太平洋伙伴关系协定（TPP）谈判。随着美国成为 TPP 的主导者，除智利、新西兰、新加坡和文莱四个初始成员国外，澳大利亚、秘鲁、越南和马来西亚相继表达了加入的意愿，其经济产值预计会占到全球经济的 40%，贸易额占到全球的 30%以上，TPP 对世界经济的影响力变得举足轻重。由于认识到 TPP 可能对实现东亚一体化产生巨大影响，在 2011 年 8 月举行的"10+6"经济部长会议上，中日两国共同提出了《关于加快实现 EAFTA 和 CEPEA 构想的倡议》。同时，2011 年 2 月 26 日在缅甸内比都举行的第 18 次东盟经济部长会议通过了组建 RCEP 的草案。2011 年 11 月 17 日至 19 日，在印尼巴厘岛举行的第 19 次东盟领导人会议正式批准组建 RCEP 的草案，RCEP 最终取代 EAFTA 和 CEPEA 成为东亚经济一体化框架的主要内容。草案的提出有两大动因：一是推进东亚区域经济一体化发展的自身需要。根据草案，RCEP 的目标是在东盟原有的 5 个"10+1"基础上，构建一个涵盖 16 国的全面、高质量、互惠的区域自贸协定，以加强相互间经济合作，拓宽和深化经济一体化，推动区域经济增长。二是应对 TPP（跨太平洋伙伴关系协定）的冲击的需要，通过降低美国对东亚地区的政治和经济领导力，让东盟继续扮演东亚合作的"司机"，主导东亚合作进程，在经济合作中展现东亚国家的自主能力和意愿。

2012 年 11 月，在柬埔寨金边召开的第 21 届东盟峰会上，16 国领导人共同发布《启动〈区域全面经济伙伴关系协定〉RCEP 谈判的联合声明》，全球最大自由贸易区建设由此拉开序幕。

2.2 RCEP 的谈判历程

2012 年正式启动 RCEP 谈判以来，各国代表团参加了三十一轮全面谈判、多届部长级会议和四次领导人会议，最终于 2020 年 11 月 15 日全面结束 RCEP 谈判并签署协议。迄今为止 RCEP 的谈判过程如下[①]：

2020 年 11 月：RCEP 第四次领导人会议和签字仪式以视频会议形式举行。

---

① 资料来源于日本外务省官网：https://www.mofa.go.jp/mofaj/gaiko/fta/j-eacepia/index.html。

2020 年 10 月：部长级会议以视频会议形式举行。

2020 年 8 月：部长级会议以视频会议形式举行。

2020 年 7 月：第三十一轮谈判以视频会议形式举行。

2020 年 6 月：部长级会议以视频会议形式举行。

2020 年 5 月：第三十轮谈判以视频会议形式举行。

2020 年 4 月：第二十九轮谈判以视频会议形式举行。

2019 年 11 月：RCEP 第三次领导人会议在泰国曼谷举行。

2019 年 10 月：部长级会议在泰国曼谷举行。

2019 年 9 月：第二十八轮谈判在越南岘港市举行。

2019 年 8 月：部长级会议在中国北京举行。

2019 年 7 月：第二十七轮谈判在中国郑州举行。

2019 年 6 月：第二十六轮谈判在澳大利亚墨尔本举行。

2019 年 3 月：部长级会议在柬埔寨暹粒举行。

2019 年 2 月：第二十五轮谈判在印度尼西亚巴厘岛举行。

2018 年 11 月：RCEP 第二次领导人会议在新加坡举行。

2018 年 10 月：第二十四轮谈判在新西兰奥克兰举行。

2018 年 7 月：第二十三轮谈判在泰国曼谷举行。

2018 年 7 月：部长级会议在日本东京举行。

2018 年 4 月：第二十二轮谈判在新加坡举行。

2018 年 3 月：部长级会议在新加坡举行。

2018 年 2 月：第二十一轮谈判在印度尼西亚日惹举行。

2017 年 11 月：RCEP 第一次领导人会议在菲律宾马尼拉举行。

2017 年 10 月：第二十轮谈判在韩国仁川举行。

2017 年 9 月：部长级会议在菲律宾马尼拉举行。

2017 年 7 月：第十九轮谈判在印度海得拉巴举行。

2017 年 5 月：部长级会议在越南河内举行。

2017 年 5 月：第十八轮谈判在菲律宾马尼拉举行。

2017 年 2 月：第十七轮谈判在日本神户举行。

2016 年 12 月：第十六轮谈判在印度尼西亚雅加达举行。

2016 年 11 月：部长级会议在菲律宾宿务举行。

2016 年 10 月：第十五轮谈判在中国天津举行。

2016 年 8 月：第十四轮谈判在越南胡志明市举行。

2016 年 6 月：第十三轮谈判在新西兰奥克兰举行。

2016 年 4 月：第十二轮谈判在澳大利亚珀斯举行。

2016 年 2 月：第十一轮谈判在文莱举行。

2015 年 10 月：第十轮谈判在韩国釜山举行。

2015 年 8 月：部长级会议在马来西亚吉隆坡举行。

2015 年 8 月：第九轮谈判在缅甸内比都举行。

2015 年 7 月：部长级会议在马来西亚吉隆坡举行。

2015 年 6 月：第八轮谈判在日本京都举行。

2015 年 2 月：第七轮谈判在泰国曼谷举行。

2014 年 12 月：第六轮谈判在印度新德里举行。

2014 年 8 月：部长级会议在马来西亚吉隆坡举行。

2014 年 6 月：第五轮谈判在新加坡举行。

2014 年 4 月：第四轮谈判在中国广西南宁举行。

2014 年 1 月：第三轮谈判在马来西亚吉隆坡举行。

2013 年 9 月：第二轮谈判在澳大利亚布里斯班举行。

2013 年 5 月：第一轮谈判在文莱举行。

根据以上谈判时间表，可将其历程划分为三个阶段：

第一阶段：缓慢推进阶段（2013—2015 年）。2013 年 5 月 9 日，RCEP第一轮谈判在文莱正式开启。该轮谈判的首要任务是成立货物贸易、服务贸易和投资三个工作组以及原产地规则、海关程序和贸易便利化两个子工作组，并确立了谈判的指导原则为建立一个全面、现代、高质量和互惠的自由贸易协定，实现更高水平的开放。与贸易谈判委员会类似，工作组和子工作组均由一个东盟成员国领导和主持，货物贸易、服务贸易和投资工作组分别由新加坡、马来西亚和越南担任主席，原产地规则、海关程序和贸易便利化两个子工作组分别由泰国和菲律宾主持。2013 年 9 月，在澳大利亚布里斯班举行的第二轮谈判中，各国代表团就中小企业和电子商业中的一些交叉问题以及竞争、知识产权和政府采购等新问题展开了讨论。这些讨论促使贸易谈判委员会不得不成立更多的工作组和子工作组，以解决谈判中不断出现的新问题。到 2015 年在缅甸内比都举行的第九轮谈判结束时，RCEP 的谈判机构已扩大到 15 个，包括工作组、子工作组和专家组，层出不穷的新问题增加了谈判过程的复杂性。RCEP 第三轮谈判于 2014 年1 月 20 日在马来西亚吉隆坡举行，谈判的重点内容包括市场准入模式、协定章节框架等。此轮谈判为期五天，各领域议题由工作组讨论，主要议题和协调工作由贸易谈判委员会负责。RCEP 第四轮谈判在中国广西南宁举行。在前三轮谈判基础上，东盟 10 国、中国、澳大利亚、印度、日本、韩国、新西兰 16 国代表团在本轮谈判中继续就 RCEP 涉及的一系列议题进行了密集磋商，就货物、服务、投资及协议框架等问题展开了广泛的讨论。在货物贸易方面，各国代表团重点讨论了关税、非关税措施、标准技术法规合格评定程序、卫生与植物卫生措施、海关程序和贸易便利化、原产地规则等议题；在服务贸易方面，就谈判范围、市场准入领域等议题充分交换了意见；在投资方面，就投资模式文件和投资章节要素进行了深入探讨。新成立的知识产权、竞争政策和经济技术合作工作组也就相关议题进行了讨论。RCEP 第五轮谈判在新加坡举行。本轮谈判为闭门会议，全程没有对外界公开。不过，根据日本外务省网站的消息，本轮谈判的重点议题包括：货物贸易、服务贸易、投资、经济技术合作、知识产权、竞争和法律规则及机制。会议分别就上述议题召开小组会议进行了深入讨论。本轮谈判还认真讨论了 RCEP 谈判的具体边界和推进方式，此外还就撤销关税的谈判框架交换了意见。在第二轮至第五轮谈判中，印度由于与其他谈判参与国在货物贸易和服务贸易等领域以及谈判模式等方面分歧较大，多次出现"退群"危机。2014 年 8 月，在其他 15 个谈判参与国的主管部长均出席了 RCEP 部长级会议的情况下，印度主管部长尼尔玛拉·西塔拉曼却借故缺席了此次会议，改由印度商务部联席秘书苏曼塔·乔杜里代为出席，一度引起了其他谈判参与国的诸多疑虑与不满。更为关键的是，印度代表提出，其关税削减的覆盖率不能超过 40%，这与日本等其他谈判参与国期望达到的货物贸易开放水平（超 90%）分歧较大，导致 RCEP 谈判陷入僵局。在这一背景下，当时日本等国还曾提议让除印度外的其他 15 个谈判参与国率先达成协议，印度再视机决定是否参与协议。2014 年 12 月，在东盟的积极协调下，第六轮谈判在印度新德里举行，RCEP 谈判终于重回"10+6"的轨道。2015 年 2 月，RCEP 第七轮谈判在泰国曼谷举行，本轮谈判召开了货品贸易、服务贸易、投资、经济技术合作、知识产权、竞争及法规和制度工作小组会议以及电子商务专家会议等，并针对谈判方式和谈判领域进行了深入讨论。在 2015 年 6 月的第八轮谈判中，原产地工作组就原产地规则及操作程序合并文本进行了逐条讨论，并对产品特定原产地规则的第 1 至 24 章产品进行了沟通，为进一步推动谈判奠定了基础。

2015 年 7 月在马来西亚吉隆坡举行了 RCEP 部长级会议，各国部长在会上听取了 RCEP 贸易谈判委员会关于谈判进展的报告，并就谈判中的核心问题深入交换了意见，重点讨论了货物贸易、服务贸易、投资等领域议题。2015 年在缅甸内比都举行的第九轮谈判结束了货物、服务和投资的市场准入模式谈判。在 2015 年 10 月的第十轮谈判中，各方按照 7 月部长级会议达成的共识，就货物贸易、服务贸易、投资等领域展开实质性磋商，并开展了竞争政策、知识产权、经济技术合作、电子商务、法律与机制工作组会议。此外，协定文本谈判也在稳步推进。按最初设想，RCEP 谈判本应在 2015 年年底结束，但由于各国经济发展水平差异较大、谈判议题分歧较大等，前期谈判进展异常缓慢。截至 2015 年年底，RCEP 各谈判参与国虽然举行了十轮谈判和三次部长级会议，但直至第十轮谈判才就货物贸易、服务贸易、投资等核心领域展开实质性磋商。

第二阶段：加速推进阶段（2016—2018 年）。2016—2018 年，RCEP 各谈判参与国举行了两次领导人会议和十四轮谈判。2016 年 2 月 4 日，《跨太平洋伙伴关系协定》（TPP）正式签署，这一事件促使 RCEP 谈判参与国加速推进其谈判进程，10 天之后便在文莱开启了第十一轮谈判。第十一轮谈判举行了货物贸易、服务贸易、投资、原产地规则四个分组会议，重点推进货物、服务、投资三大领域的市场准入谈判，并推进了文本磋商。同时，为落实各国领导人关于力争 2016 年结束谈判的指示，各方初步确定了 2016 年的谈判计划。2016 年 4 月，各国代表团在澳大利亚珀斯进行了第十二轮谈判，各方就货物、服务、投资、知识产权、经济技术合作、电子商务、法律条款等进行深入磋商。2016 年 6 月在新西兰奥克兰进行的第十三轮谈判中，各方继续就货物、服务、投资、知识产权、经济技术合作、竞争、电子商务、法律条款领域进行深入磋商。其中，货物贸易、服务贸易和投资工作组对这些领域进行了细节谈判，而对其他领域则侧重于谈判方法和谈判范围的讨论。2016 年 8 月第十四轮谈判在越南胡志明市举行，此轮谈判在 2015 年 8 月 5 日第三次部长级会议成果的基础上，各方就货物、服务、投资三大核心领域市场准入问题展开了深入讨论，并继续推进知识产权、经济技术合作、竞争、电子商务、法律条款等领域的磋商。2016 年 10 月，第十五轮 RCEP 谈判在中国天津举行，各方重点划定了货物、服务和投资贸易的市场准入，以及就原产地规则、知识产权、竞争和电子商务等领域进行磋商，经济技术合作章节在此轮谈判中完成。

2016 年 11 月，RCEP 各谈判参与国部长在菲律宾宿务市举行了一次闭会期间部长级会议，审查谈判迄今取得的进展，以及讨论在短期内可能需要采取什么措施来完成这项协议。2016 年 11 月，RCEP 部长级会议强调了以"一揽子"解决的方法迅速结束谈判。第十七轮谈判在 11 月菲律宾 RCEP 部长级会议的指导下，各方就货物、服务、投资三大核心领域市场准入问题展开深入讨论，并继续推进知识产权、竞争、电子商务、法律条款等领域的磋商。与会各方在本轮成功结束中小企业章节的谈判，这是继结束经济技术合作章节谈判之后的又一积极进展，有利于促进 RCEP 谈判参与国间中小企业的信息共享与合作，促使中小企业更好地受益于 RCEP 谈判成果。2016 年全年举行了六轮谈判。2017 年 1 月 23 日，美国宣布退出 TPP。随后，特朗普政府开始利用双边谈判争取美国利益最大化，并使用各种政治经济手段向谈判对手施压。为应对美国的经济制裁，RCEP 谈判参与国进一步加快推进其谈判进程。2017 年 2 月第十七轮谈判在日本神户举行。东盟 10 国、中国、日本、韩国、澳大利亚、新西兰、印度和东盟秘书处共派 700 余名代表与会。本轮谈判是 2017 年 RCEP 首轮谈判，平行举行了货物、服务、投资、知识产权、电子商务、法律与机制问题工作组会议。各方进一步努力，加紧推进货物、服务、投资三大核心领域市场准入问题和各领域文本磋商，推动谈判进入更加实质性的阶段。2017 年 5 月，部长级会议在越南河内召开，本次部长级会议着重讨论了货物、服务和投资三大市场准入及规则领域等关键议题，并为加速推进谈判提供了指导。同年 5 月，RCEP 第十八轮谈判在菲律宾马尼拉举行，各方就货物、服务、投资和规则领域展开深入磋商。RCEP 第十九轮谈判于 2017 年 7 月在印度海得拉巴举行。各方继续就货物、服务、投资和规则领域展开深入磋商。2017 年 9 月在菲律宾马尼拉举行的第五次部长级会议上，各方共同发布了联合声明，强调迅速地将政治承诺转化为实际行动，必要时扩大授权，尽最大努力推动 RCEP 谈判在 2017 年年底前取得重要的成果，使谈判向成功更近一步。2017 年 10 月，RCEP 第二十轮谈判在韩国仁川举行，各方按照 9 月部长级会议通过的关键要素文件，继续就货物、服务、投资和规则领域展开深入磋商，讨论并形成了拟向领导人提交的联合评估报告草案。同年 11 月 14 日，RCEP 首次领导人会议在菲律宾马尼拉举行。2018 年 2 月，第二十一轮谈判在印尼日惹举行，各方按照 2017 年 11 月 RCEP 首次领导人会议的指示，继续就货物、服务、投资和部分规则领域议题展开深入磋商，谈判取得积极进展。2018 年 3 月 3 日，RCEP 部长级会议于新加坡举行。随后，第二十二轮谈判于 2018 年 4 月在新加坡举行。在全体会议召开的同时，货物、服务、投资、原产地规则、海关程序和贸易便利化、卫生与植物卫生措施、技术法规与合格评定程序、贸易救济、金融、电信、知识产权、电子商务、法律机制、政府采购等领域都并行举行了工作组会议。各方按照 2017 年 11 月 RCEP 首次领导人会议和 2018 年 3 月 3 日部长级会议的指示，继续就货物、服务、投资和规则领域展开深入磋商，谈判取得积极进展。2018 年 6 月 30 日至 7 月 1 日，RCEP 部长级会议在日本东京举行，会议发表了《联合新闻声明》，表示在当前全球贸易面临单边主义挑战的背景下，尽快结束 RCEP 谈判至关重要。2018 年在泰国曼谷举行的第二十三轮谈判上，各方按照 2017 年 11 月 RCEP 首次领导人会议和 2018 年 7 月部长级会议的要求，积极推动谈判进程，完成了海关程序和贸易便利化、政府采购章节，在技术法规与合格评定程序、卫生与植物卫生措施等章节的谈判也取得重要进展，为推进谈判注入了动力。新加坡贸易和工业部部长陈振声希望各国在奥克兰举行的第二十四轮谈判中达成高度共识，进而在 RCEP 第二次领导人会议上提交并审议通过。

　　第三阶段：凝心聚力阶段（2019—2020 年）。2019—2020 年，各国代表团再次举行了两次领导人会议和七轮谈判。2019 年 2 月，第二十五轮谈判在印尼巴厘岛举行，由于各谈判参与国就取消关税的商品名单未能达成共识，同时在服务贸易领域仍然存在一些未解决的问题，中方提议将 RCEP 谈判延迟到 2019 年完成。2019 年 6 月 25 日至 7 月 3 日，RCEP 第二十六轮谈判在墨尔本举行，本轮谈判中各方在召开贸易谈判委员会全体会议的同时，举行了货物贸易、服务贸易、投资、原产地规则、贸易救济、金融、电信、知识产权、电子商务、法律与机制等相关工作组的会议，谈判取得了积极进展。2019 年 7 月，第二十七轮谈判在中国郑州举行。在这一轮谈判期间，各方召开了贸易谈判委员会会议，同时还举办了货物贸易、服务贸易、投资、原产地规则、贸易救济、知识产权、电子商务、法律和机制等各个工作组的会议。中方表示将会与 RCEP 各方一起共同努力积极推进谈判，争取尽早解决遗留问题，实现今年内结束谈判的目标。2019 年 8 月，在中国北京召开的 RCEP 部长级会议推动谈判取得了重要进展，超过三分之二的双边市场准入谈判已结束。RCEP 第二十八轮谈判于 9 月在岘港市举行，也是 2019 年的最后一次谈判。截至本轮谈判结束，各国代表团已就协定中除货物贸易、服务贸易和投资的 7 章内容和 3 个附录外的内容达成了共识。2019 年 10 月在泰国曼谷举行的部长级会议是 RCEP 第三次领导人会议前的最后一次部长级会议，各方一致同意将按照既定目标完成各项技术性谈判，谈判结果将交由领导人会议审议。2019 年 11 月，各成员国在泰国曼谷召开了 RCEP 第三次领导人会议，此次会议发表了联合声明，15 个 RCEP 成员国已经结束全部 20 个章节的文本谈判以及所有市场准入问题的谈判，下一步各成员国将启动法律文本审核工作，以便在 2020 年签署协定。印度由于有重要问题尚未得到解决，暂不加入该协定。由于疫情影响，RCEP 第二十九轮谈判于 2020 年 4 月以视频会议的形式举行，且之后的谈判和部长级会议均以视频会议的形式进行。此轮谈判各方就加速推进扩大市场准入和印度重返 RCEP 谈判等议题交换意见，且就制度规定等技术性难题进行磋商，争取 2020 年内将协定如期签署。2020 年 5 月 15 至 20 日，RCEP 第三十轮谈判召开，此轮谈判各方就市场准入和其他技术性议题展开磋商。2020 年 6 月 24 日，东盟 10 国和中国、日本、韩国、澳大利亚、新西兰的经济贸易部长以视频方式参加了第十次 RCEP 部长级会议，会议发表的联合声明强调疫情给各国贸易、投资和全球供应链带来了前所未有的挑战，各国更需要加强合作和协调，以促进强劲的、有韧性的经济复苏，会议再次重申了要在 2020 年年内完成 RCEP 协定的签署。2020 年 7 月 9 日，各方以视频会议形式举行的第三十一次谈判共同声明并再次确认 6 月部长级会议上确定的年内签署协议事项，今后谈判重点在于法律审核以及其他剩余的问题。2020 年 10 月，RCEP 部长级视频会议举行，此次会议肯定了协定法律文本审核工作取得的实质性进展，决定为争取年内签署协定做好充分准备。2020 年 11 月 15 日，RCEP 第四次领导人会议仍以视频会议的形式举行，在 15 国领导人的共同见证下，RCEP 自由贸易协定正式签署，全球体量最大的自由贸易区由此诞生。

2.3　RCEP 的谈判难点

RCEP 谈判面临的主要难点包括以下两个方面：

第一，东盟各成员国经济发展水平不同，对于贸易投资开放程度的诉求也不同。RCEP 谈判涉及 16 个国家，既包括发达经济体澳新日韩，也包括经济欠发达国家缅甸和老挝，由于各国经济发展差异较大，要达成一个高水平的自由贸易协定并非易事。日本强调制造业高水平开放，新加坡强调服务业全面开放，印度制造业和服务业的竞争力均不强，因此提出了很多要求，使得 RCEP 谈判愈发复杂。此外，针对经济欠发达国家的灵活政策及差别待遇很难达成一致，导致 RCEP 谈判一拖再拖，难以结束。此外，部分国家倾向于在谈判过程中引入一些新领域和新问题，这种现象在谈判的后期尤为明显，不仅分散了谈判的方向，阻碍了谈判的进程，也削弱了谈判的良好势头。在货物贸易方面，与任何自由贸易协定谈判一样，货物贸易通常是最具挑战性的，被视为自由贸易协定的"心脏"，因为货物贸易的关税减让幅度最容易被量化，且会被制造商、贸易商和最终消费者立即感受到。由于经济发展水平的差异，参与谈判的 16 个国家在执行何种水平的贸易自由化上很难达成统一。参与 RCEP 谈判的发达经济体希望协定能反映出高水平开放的安排，经济欠发达的国家则需要更多的保护性条款。东盟成员国虽在制造业上拥有一定优势，但细化到具体产业则存在较大差异。实力相对较弱的国家对制成品的零关税十分恐惧，会尽量压低工业制造领域的开放比例，并试图对汽车、家电及信息产品保留较长的过渡期。这些不仅是小型经济体的诉求，甚至印度也希望享受一定的灵活性政策。印度制造业的竞争力不强，可以接受的货物贸易开放度有限，如何满足印度的贸易自由化要求比较棘手。此外，在 RCEP 建立之前，东盟已分别与中国、日本、韩国、印度、澳大利亚和新西兰实施了六个"10+1"双边自由贸易协定，建立 RCEP 的主要目的是巩固这些自由贸易协定以解决所谓的"意大利面条碗"效应。虽然东盟与其他六个国家均有自由贸易协定，但中国—日本、日本—韩国、中国—印度、澳大利亚—印度和新西兰—印度之间缺乏双边自由贸易协定，贸易自由化的谈判变得更加困难。在服务贸易和投资方面，采用何种模式作出开放安排一直是谈判最大的分歧所在。六个"10+1"自由贸易协定中均采用了正面清单的模式，因此将负面清单模式引入 RCEP 文本中面临非常大的阻力，其中新西兰和越南希望采用正面清单模式，印尼和韩国则希望采用负面清单模式。此外，部分谈判参与国希望将"棘轮条款"和"最惠国待遇"加入 RCEP 文本中，这使得谈判变得更加复杂化。另外，在环保、竞争政策、国有企业规制、电子商务等问题上，RCEP 谈判参与国中的发达经济体和发展中国家存在不同诉求，发达经济体愿意高标准严要求，发展中国家则要考虑自身的履约能力和发展的阶段性特征，因而可能需要体现灵活性。

第二，印度在参与 RCEP 谈判的过程中态度一直不明朗，影响了谈判的推进，特别是特朗普政府在出访亚洲期间提出了"印太"概念，印度在太平洋地区和印度洋地区扮演什么样的角色存在很多变数，这也为 RCEP 谈判增添了不确定性。在 RCEP 谈判起步阶段，印度政府尽管在言论上对加入 RCEP 态度积极、兴趣强烈，但在谈判中的实际政策行为却是"有限参与""态度强硬"，具体表现在两个方面：一方面，印度对降低市场准入门槛保持了较高的警惕性和较低的妥协意愿，导致印度从一开始就成为 RCEP 谈判进程中"拖后腿"的主要角色；另一方面，印度缺席 RCEP 部长级会议、与其他谈判参与国在关税削减覆盖率方面有重大分歧。2016 年 2 月，美国、日本等 12 个国家正式签署《跨太平洋伙伴关系协定》（TPP）。同月，在文莱举行的第十一轮 RCEP 谈判中，其他 15 个谈判参与国对印度"只关注本国劳动力出口、不愿意开放本国市场"的保护主义立场和"具有防御性、阻挠性和三心二意"的行为表达了强烈不满，甚至对印度发出了"最后通牒"，表示如果印度不愿意降低关税就应彻底退出 RCEP 谈判。2016 年年初，面对 TPP 谈判结束和 RCEP 其他谈判参与国的催促，印度选择继续参与 RCEP 谈判，对 RCEP 的政策立场也明显变得更加积极。一方面，印度高层对 RCEP 谈判的重视程度显著提高。莫迪政府不仅授权印度智库、高校及相关研究机构对 RCEP 开展更加深入、全面的研究，并积极向国内持反对意见的农业部、钢铁部等相关政府部门、利益集团和民众论证印度加入 RCEP 的重要性和必要性，还连续出席 RCEP 谈判相关会议，态度积极，并屡次表达"积极参与、谨慎推进"的立场。另一方面，印度在谈判过程中的妥协意愿显著增强。2016 年 4 月，RCEP 第十二轮谈判因印度开始在市场准入等关键议题上做出一些让步而取得积极进展。此后，随着印度方面阻力的减小，RCEP 谈判进程开始明显加速。2019 年 9 月 30 日，印度在 RCEP 第二十八轮谈判中就关税减免议题做出关键性妥协和让步，谈判再次取得重要进展。截至 2019 年 10 月，各方已对协定 80% 的文本达成一致。2019 年 11 月 4 日，印度在 RCEP 第三次领导人会议上突然宣布退出，印度政府、媒体和学术界对 RCEP 的态度和政策立场再次出现重大转变。莫迪政府在公众和媒体面前一改此前对 RCEP 的积极态度，公然对 RCEP 及其他谈判参与国表达了种种不满。面对印度国内的反对声音，莫迪政府不再动员印度学术界积极论证"为何印度需要成为 RCEP 的一部分",以及"退出 RCEP 将会如何导致印度被孤立"。自 2019 年 11 月,印度政府、媒体和学者辩论的焦点都已微妙转变为"为何退出 RCEP 更符合印度的国家利益"。印度宣布退出 RCEP 谈判后,日本第一时间向印度和其他谈判参与国传达了"不愿在印度缺席的情况下签署协定"的信号,并积极劝说印度回归谈判,表示希望能够成为印度与 RCEP 其他谈判参与国之间化解分歧的桥梁,以推动 16 国共同签署协定。然而在 2020 年 2 月,RCEP 其他 15 个谈判参与国举行首席谈判代表会议,印度受邀却并未出席。2020 年 11 月,其他 15 个谈判参与国正式签署 RCEP,印度仍未改变退出的基本立场。RCEP 正式签署后,东盟、中国、澳大利亚和日本等均表示过希望印度回归,不过印度方面对 RCEP 的欢迎态度表现冷淡,在 RCEP 签署后更多地寻求达成双边性质的自由贸易协定,印度方面认为双边自由贸易协定较之多边自由贸易协定有更大的灵活性和弹性空间,可以较好地维护其自身利益。短期内,印度重返 RCEP 的可能性不大。

关于印度退出 RCEP 的因素,研究者普遍认为主要有以下两方面:一是国内层面,印度政府担心本国工农业遭到严重冲击,进而引发国内经济和民生问题;二是国际层面,随着中国经济的快速发展,印度担忧自己在全球市场上的竞争力受到威胁,因此试图结交欧美。导致印度退出 RCEP 的因素,也是印度短期内难以重返 RCEP 的重要原因。

2.4　RCEP 的发展前景

RCEP 签订后的第一个优先事项是各成员国的立法机构应尽快完成批准程序,以便协定下的各种承诺能够尽快得到落实。根据规定,东盟 10 国中需要至少 6 国,中、日、韩、澳、新 5 个伙伴国中需要至少 3 国完成立法机构批准程序,协议才算正式生效。2022 年 1 月 1 日,RCEP 对文莱、柬埔寨、老挝、新加坡、泰国、越南、中国、日木、新西兰和澳大利亚 10 国正式生效,其余成员国将在完成国内批准程序后陆续对其生效;2 月 1 日对韩国生效;3 月 18 日对马来西亚生效;5 月 1 日对缅甸生效;2023 年 1 月 2 日,对印度尼西亚正式生效;2023 年 6 月 2 日,对菲律宾生效。至此,RCEP 包含的 15 个成员国全部完成生效程序,但是为照顾各成员国的产业利益,RCEP 在较为关键的关税减免方面安排了较长的过渡期,协议总体效果的显现仍需时日。

事实上，在过去 20 年时间里，亚洲的工业生产增长了三倍多，该地区在全球工业生产中所占比重从只有三分之一飙升至近一半。然而，快速增长也带来了新的问题。受土地租金和劳动力成本上升的影响，中国以及某些东盟国家的生产成本可能会不断提高。面对这样的挑战，各国企业需从区域化的角度优化其供应链布局，以及充分发掘 RCEP 成员国不断增长的消费市场。RCEP 在帮助中国企业走出去的同时，也使得区域内的其他企业更加便利地进入中国市场，通过分享中国巨大的市场潜力，以推动区域内贸易和投资发展，进而促进区域内制造业不断增长。

与此同时，在 RCEP 不断加强各成员国之间联系，促进各成员国共同提高生产效率的过程中，中国与东南亚国家之间的联系也会得到进一步加强。当然，这也是 RCEP 通过多种举措简化贸易程序的必然结果，这些举措包括在未来 20 年时间里消除大多数商品的进口关税，建立成员国之间统一且更加灵活的原产地规则，简化通关手续，以及消除非关税壁垒等，所有这些举措都将有助于为区域贸易和服务创造更有利的营商环境。同时，RCEP 的跨境投资和电子商务安排，以及知识产权保护措施等也将会加强区域内的商贸合作。RCEP 建立的目的就是要提高 15 个成员国的经济一体化水平，这无疑会创造更多的经济效益。随着 RCEP 的正式生效，该区域的供应链发展也日趋成熟，市场机会不断增加，区域内各成员国之间的贸易量不断攀升。究其原因，主要是因为不同行业之间的分工更加精细明确，区域内生产材料流动性提高，处于不同生产基地的上下游企业之间的供应链关系更加紧密。未来，RCEP 将消除贸易壁垒，使大多数原材料和中间产品能够自由流动，届时将进一步加强区域供应链的紧密联系。

RCEP 的生效为成员国带来巨大机遇的同时，其未来发展也会面临国内、国际两个方面的考验：在国内方面，以我国为例，我国应考虑如何避免加剧地区发展不平衡的问题出现。在 RCEP 框架下，我国低端劳动密集型产业可能会进一步加速向东南亚地区转移，从而引发中西部和东北地区一定的产业"空心化"风险，并对就业形成某种程度的冲击，低技能工人可能因我国从东盟 10 国进口劳动密集型商品而失业，从而加剧地区发展不平衡问题。在国际方面，各成员国应考虑如何在 RCEP 内部建立有效的利益协调与平衡机制，以避免多边框架下不同发展水平的经济体之间因难以调和的矛盾而陷入困局。

如果能妥善解决上述两方面的问题，RCEP 将会起到"一石三鸟"作用：一是进一步助推我国加快构建立足周边、面向全球的高标准自由贸易区网络，并助力形成"双循环"新发展格局；二是可为东亚区域经济合作与经济发展注入新的活力，全球制造业将进一步向亚洲集中，RCEP 将成为全球经济新的增长极；三是还将有力支持自由贸易和多边贸易体制，稳定全球产业供应链，助推世界经济恢复发展。

3 中国与 RCEP 成员国贸易合作现状

在疫情延宕反复、世界经济不确定性显著提升、经济全球化和自由贸易面临严峻考验的背景下，RCEP 的实施为区域经济合作和全球经济发展增添了新的活力。截至 2023 年 1 月 1 日，RCEP 正式生效已满一年，在这一年中，我国高质量地实施 RCEP，不断释放政策红利，进一步推进了区域经济一体化。根据中华人民共和国海关总署最新统计，2022 年我国与 RCEP 其他成员国的贸易总额为 12.95 万亿元，同比增长 7.5%，占我国对外贸易进出口总额的 30.8%，进出口比重稳步提升。具体来看，中国与东盟的贸易总额达 6.52 万亿元，同比增长 15%，占我国外贸比重的 15.5%，较 2021 年增加了一个百分点。在东盟成员国中，越南、马来西亚和印尼依次为我国前三大贸易伙伴，我国与缅甸、老挝、新加坡、柬埔寨和印尼的贸易额均呈现增长态势，贸易增速均超过 20%。此外，2022 年韩国超越日本成为中国第四大贸易伙伴，中韩双边贸易额达 2.41 万亿元，日本下滑至第五位，这是 2015 年以来韩日两国位置首次出现变化。

总体来看，2022 年我国与 RCEP 其他成员国的对外贸易实现了新的突破。为了全面了解中国与 RCEP 其他成员国的贸易合作现状，本章从整体贸易合作现状、中国与东盟的贸易发展现状、中国与日本的贸易发展现状、中国与韩国的贸易发展现状、中国与澳大利亚和新西兰的贸易发展现状进一步深入分析中国与 RCEP 其他成员国经贸合作的趋势与潜力。

3.1 整体贸易合作现状

3.1.1 货物贸易

3.1.1.1 货物贸易总体情况

近十年来，中国与 RCEP 其他成员国一直保持着稳定的贸易关系，中国对 RCEP 其他成员国的货物贸易进出口总额占中国对世界进出口总额的 30% 左右。由表 3.1 可知，整体来看，中国对 RCEP 其他成员国的货物贸易进出口总额一直保持上涨趋势，从 2012 年的 11 844.56 亿美元上涨全 2021 年的 19 928.01 亿美元，是 2012 年的 1.68 倍，占中国对世界进出口总额的比重从 2012 年的 30.63% 上涨到 2021 年的 32.96%，2020 年最高占比达 33.6%。2015 —2016 年受到中国产业结构深入调整等因素的影响，中国对 RCEP 其他成员国和世界的进出口总额略有下降。2022 年我国与 RCEP 其他成员国的双边经贸合作取得积极进展，出口同比增长 17.5%，高于整体增速 7 个百分点，实现了新的突破。

由表 3.1 可知，中国对东盟国家的进出口总额在 2012—2021 年得到了大幅提升，从 2012 年的 4 001.42 亿美元增长到 2021 年的 8 786.83 亿美元，2021 年的进出口总额是 2012 年的 2.2 倍，占中国对世界进出口总额的比重从 10.35% 增长至 14.53%。中国与澳大利亚、日本、韩国和新西兰的双边贸易额基本呈上升态势，其中贸易总额增长最高的国家是新西兰，其 2021 年的货物贸易进出口总额是 2012 年的 2.55 倍，其次是澳大利亚（1.88 倍）、韩国（1.41 倍）、日本（1.13 倍）。

表 3.1　中国对 RCEP 其他成员国和世界的货物贸易进出口情况

单位：亿美元

国家（地区）	2012 年	2013 年	2014 年	2015 年	2016 年	2017 年	2018 年	2019 年	2020 年	2021 年
澳大利亚	1 223.03	1 365.08	1 367.77	1 138.17	1 081.77	1 364.47	1 531.41	1 695.2	1 711.62	2 301.14
日本	3 294.59	3 123.79	3 123.12	2 785.19	2 749.39	3 030.53	3 277.1	3 150.14	3 172.52	3 713.47
韩国	2 564.02	2 742.38	2 904.42	2 757.92	2 526.82	2 802.57	3 133.99	2 845.33	2 855.76	3 622.92
新西兰	96.75	123.85	142.44	115.03	119.03	144.91	168.58	182.94	181.29	247.16
文莱	16.25	17.94	19.37	15.08	7.33	9.9	18.4	11.03	19.42	28.61
缅甸	69.72	101.96	249.69	151	122.86	134.74	160.06	188.63	192.33	189.08

国家 （地区）	2012 年	2013 年	2014 年	2015 年	2016 年	2017 年	2018 年	2019 年	2020 年	2021 年
柬埔寨	29.23	37.74	37.58	44.3	47.6	57.91	73.85	94.26	95.53	136.66
印尼	662.21	683.54	635.45	542.28	535.31	633.31	773.43	797.63	784.62	1 245.36
老挝	17.25	27.33	36.17	27.73	23.47	30.24	34.72	39.19	35.79	43.41
马来西亚	948.31	1 060.84	1 020.05	972.57	869.3	961.38	1 085.81	1 240.52	1 314.75	1 768.91
菲律宾	363.75	380.5	444.58	456.37	472.33	513.05	556.49	609.63	612.15	820.68
新加坡	692.8	758.97	797.4	795.23	705.1	792.69	827.71	900.36	892.41	940.18
越南	504.42	654.78	836.36	958.49	982.66	1 219.92	1 478.33	1 619.86	1 922.88	2 302.21
泰国	697.48	712.41	726.21	754.6	757.15	801.38	875.09	917.47	986.53	1 311.73
东盟	4 001.42	4 436.01	4 802.86	4 717.65	4 523.11	5 154.52	5 883.89	6 418.58	6 856.41	8 786.83
15 国	11 844.56	12 445.11	13 046.37	12 229.93	11 701.72	13 340.89	14 950.03	15 220.29	15 654.57	19 928.01
世界	38 669.81	41 590.00	43 015.27	39 530.33	36 855.58	41 071.63	46 200.45	45 784.92	46 586.66	60 466.64

数据来源：UN COMTRADE。

3.1.1.2 货物贸易进口情况

由表 3.2 可知，2021 年中国对 RCEP 其他成员国的进口总额为
10 221.45亿美元，占中国对世界进口总额的 38.08%，其中进口总额排名
前三的国家分别是韩国、日本和澳大利亚，进口总额分别为 2 134.45 亿美
元、2 055.24 亿美元、1 637.30 亿美元，占中国对 RCEP 其他成员国进口
总额的 20.88%、20.11%、16.02%。2021 年中国对东盟的进口总额为
3 951.54亿美元，占中国对 RCEP 其他成员国进口总额的 38.66%，其中马
来西亚、越南、印尼和泰国是中国进口较多的国家，进口额分别为 981.93
亿美元、923.16 亿美元、638.87 亿美元、618.18 亿美元，分别占中国对
RCEP 其他成员国进口总额的 9.61%、9.03%、6.25%、6.05%。

2012—2021 年，中国对 RCEP 其他成员国的进口总额整体上呈现增长
态势，在不考虑东盟 10 国中进口量较小国家的情况下，中国对澳大利亚与
新西兰的进口总额有较大幅度的增长，对日本和韩国的进口总额处于小幅
稳定增长的态势。

表 3.2　中国对 RCEP 其他成员国和世界的货物贸易进口情况

单位：亿美元

国家 （地区）	2012 年	2013 年	2014 年	2015 年	2016 年	2017 年	2018 年	2019 年	2020 年	2021 年
澳大利亚	845.68	989.54	976.31	735.10	708.95	950.09	1 058.11	1 212.90	1 176.94	1 637.30
日本	1 778.32	1 622.46	1 629.21	1 429.03	1 456.71	1 657.94	1 806.61	1 717.69	1 746.55	2 055.24
韩国	1 687.28	1 830.73	1 901.09	1 745.06	1 589.75	1 775.53	2 046.43	1 735.59	1 731.00	2 134.45

表3.2(续)

国家 (地区)	2012 年	2013 年	2014 年	2015 年	2016 年	2017 年	2018 年	2019 年	2020 年	2021 年
新西兰	58.10	82.53	95.06	65.84	71.41	93.91	110.83	125.58	120.76	161.55
文莱	3.73	0.90	1.90	1.01	2.22	3.52	2.48	4.53	14.76	22.22
缅甸	12.98	28.57	156.01	54.49	40.98	45.26	54.58	65.52	66.85	83.81
柬埔寨	2.15	3.64	4.83	6.67	8.31	10.08	13.77	14.44	14.99	21.00
印尼	319.36	314.24	244.85	198.86	214.14	285.74	341.52	341.14	374.81	638.87
老挝	7.88	10.10	17.78	15.47	13.60	16.05	20.18	21.57	20.88	26.74
马来西亚	583.05	601.53	556.52	532.77	492.70	544.26	632.05	719.10	751.74	981.93
菲律宾	196.43	181.82	209.84	189.66	173.96	192.39	206.12	201.99	193.35	247.60
新加坡	285.30	300.65	308.29	275.81	260.14	342.50	337.27	352.38	316.16	388.03
越南	162.29	168.92	199.06	298.32	371.72	503.75	639.56	641.17	784.73	923.16
泰国	385.51	385.23	383.32	371.69	385.32	415.96	446.30	461.62	481.40	618.18
东盟	1 958.68	1 995.60	2 082.40	1 944.75	1 963.09	2 359.51	2 693.84	2 823.46	3 019.67	3 951.54
15 国	6 516.04	6 690.55	6 847.66	6 053.46	5 907.53	7 000.43	7 904.14	7 795.07	8 004.69	10 221.45
世界	18 181.99	19 499.92	19 592.35	16 795.64	15 879.21	18 437.93	21 336.05	20 792.85	20 695.68	26 843.63

数据来源：UN COMTRADE。

3.1.1.3　货物贸易出口情况

由表 3.3 可知，2021 年中国对 RCEP 其他成员国的出口总额为 9 706.56亿美元，占中国对世界出口总额的 28.87%，其中出口总额排名前三的国家分别是日本、韩国和越南，出口总额分别为 1 658.23 亿美元、1 488.47亿美元、1 379.05 亿美元，占中国对 RCEP 其他成员国出口总额的 17.08%、15.33%、14.21%。中国对东盟的出口总额为 4 835.29 亿美元，占中国对 RCEP 其他成员国出口总额的 49.81%，其中越南、马来西亚、泰国和印尼是中国出口较多的国家，出口总额分别为 1 379.05 亿美元、786.98 亿美元、693.55 亿美元、606.49 亿美元，分别占中国对 RCEP 其他成员国出口总额的 14.21%、8.11%、7.15%、6.25%。

2012—2021 年，中国对 RCEP 其他成员国的出口额整体上呈现增长态势，出口额从 2012 年的 5 328.52 亿美元增长至 2021 年的 9 706.56 亿美元，其中对越南的出口额大幅度增加，从 2012 年的 342.13 亿美元增长至 2021 年的 1 379.05 亿美元，增长 3 倍左右。与货物贸易进口情况相似，中国对韩国、澳大利亚与新西兰的出口额也相应增长了 1 倍左右，对日本货物贸易出口额保持稳定。

表 3.3　中国对 RCEP 其他成员国和世界的货物贸易出口情况

单位：亿美元

国家（地区）	2012 年	2013 年	2014 年	2015 年	2016 年	2017 年	2018 年	2019 年	2020 年	2021 年
澳大利亚	377.35	375.54	391.46	403.07	372.82	414.38	473.30	482.30	534.68	663.84
日本	1 516.27	1 501.33	1 493.91	1 356.16	1 292.68	1 372.59	1 470.49	1 432.45	1 425.97	1 658.23
韩国	876.74	911.65	1 003.33	1 012.86	937.07	1 027.04	1 087.56	1 109.74	1 124.76	1 488.47
新西兰	38.65	41.32	47.38	49.19	47.62	51.00	57.75	57.36	60.53	85.61
文莱	12.52	17.04	17.47	14.07	5.11	6.38	15.92	6.50	4.66	6.39
缅甸	56.74	73.39	93.68	96.51	81.88	89.48	105.48	123.11	125.48	105.27
柬埔寨	27.08	34.10	32.75	37.63	39.29	47.83	60.08	79.82	80.54	115.66
印尼	342.85	369.30	390.60	343.42	321.17	347.57	431.91	456.49	409.81	606.49
老挝	9.37	17.23	18.39	12.26	9.87	14.19	14.54	17.62	14.91	16.67
马来西亚	365.26	459.31	463.53	439.80	376.60	417.12	453.76	521.42	563.01	786.98
菲律宾	167.32	198.68	234.74	266.71	298.37	320.66	350.37	407.64	418.80	573.08
新加坡	407.50	458.32	489.11	519.42	444.96	450.19	490.43	547.98	576.25	552.15
越南	342.13	485.86	637.30	660.17	610.94	716.17	838.77	978.69	1 138.15	1 379.05
泰国	311.97	327.18	342.89	382.91	371.83	385.42	428.79	455.85	505.13	693.55
东盟	2 042.74	2 440.41	2 720.46	2 772.90	2 560.02	2 795.01	3 190.05	3 595.12	3 836.74	4 835.29
15 国	5 328.52	5 754.56	6 198.71	6 176.47	5 794.19	6 340.46	7 045.89	7 425.22	7 649.88	9 706.56
世界	20 487.82	22 090.07	23 422.93	22 734.68	20 976.37	22 633.71	24 864.40	24 992.07	25 890.98	33 623.02

数据来源：UN COMTRADE。

3.1.2　服务贸易

3.1.2.1　服务贸易总体情况

随着第三产业的迅速发展，服务贸易的重要性与日俱增。WTO 统计数据显示，近十年来全球服务贸易平均增速是货物贸易增速的两倍，服务贸易在国际贸易中的占比与地位均稳步提升。在贸易结构由实转虚的新时代下，服务贸易作为国际贸易的重要指标之一，面临前所未有的机遇与挑战，RCEP 的正式生效与实施为中国与其他成员国之间的服务贸易发展提供了新机遇。由表 3.4 可知，2022 年中国服务贸易进出口总额为 59 801.9 亿元，同比增长 12.9%，其中服务贸易出口额为 28 522.4 亿元，同比增长 12.1%，进口额为 31 279.5 亿元，同比增长 13.5%，服务贸易逆差为 2 757.1 亿元。从 2019—2022 年我国整体服务贸易统计来看，2019—2020 年由于受到疫情影响，我国服务贸易进出口总额呈现下降趋势，2020 年进出口总额减少 15.7%，2021 年随着我国防疫政策的调整，服务贸易进出口总额得到有效提升，达到 52 982.8 亿元，基本恢复至 2019 年疫情暴发前的水平 54 153.0 亿元，随后 2022 年继续保持这一较高的增长态势，服务贸易逆差也得到了大幅度缩减。

表 3.4　2019—2022 年我国服务贸易进出口统计

服务类别	2019 年	2020 年	2021 年	2022 年
进口/亿元	34 589.0	26 286.0	27 547.8	31 279.5
进口同比/%	−0.4	−24.0	4.8	13.5
出口/亿元	19 564.0	19 356.7	25 435.0	28 522.4
出口同比/%	8.9	−1.1	31.4	12.1
进出口/亿元	54 153.0	45 642.7	52 982.8	59 801.9
进出口同比/%	2.8	−15.7	16.1	12.9
贸易差值/亿元	−15 025.0	−6 929.3	−2 112.8	−2 757.1

数据来源：中华人民共和国商务部。

从服务贸易进出口情况来看（见表 3.5），中国对 RCEP 其他成员国（这里指澳大利亚、日本、韩国和新西兰）① 的服务贸易进出口总额一直保持稳定态势。2020 年由于受到疫情影响，我国与各国的服务贸易总额均出现下降趋势，其中跌幅最高的是新西兰，与 2016 年相比减少 32.3%，其次是澳大利亚、日本和韩国，分别减少 20.7%、17.9%、6.8%。

表 3.5　2016—2020 年中国对 RCEP 其他成员国和世界的服务贸易进出口情况

单位：亿美元

国家（地区）	2016 年	2017 年	2018 年	2019 年	2020 年
澳大利亚	120.70	143.83	158.80	157.13	95.71
日本	313.32	327.97	373.11	413.88	257.11
韩国	359.72	321.23	398.23	374.65	335.40
新西兰	24.95	26.52	28.89	27.45	16.90
世界	6 616.26	6 956.79	7 966.05	7 838.72	6 617.17

数据来源：https://stats.wto.org/。

3.1.2.2　服务贸易进口情况

近年来，服务贸易已经成为我国对外经济贸易的重要组成部分。表

———————

① WTO 仅提供澳大利亚、日本、韩国和新西兰与中国服务贸易往来的详细数据。

3.6 展示了 2016—2020 年我国对 RCEP 其他成员国和世界的服务贸易进口情况。2016—2019 年，我国对 RCEP 其他成员国的服务贸易进口额不断上升，其中日本、韩国是中国服务贸易进口额较高的国家。2020 年由于受到疫情的影响，我国服务贸易进口额大幅下降，中国对日本和韩国的服务贸易进口额的排名也有所变化，在 2020 年韩国首次超过日本成为中国服务贸易进口额最高的国家。

表 3.6 2016—2020 年中国对 RCEP 其他成员国和世界的服务贸易进口情况

单位：亿美元

国家（地区）	2016 年	2017 年	2018 年	2019 年	2020 年
澳大利亚	99.75	121.38	133.99	134.44	85.51
日本	208.51	227.96	261.10	291.97	153.25
韩国	205.42	156.03	210.21	203.38	172.26
新西兰	20.65	21.36	23.62	22.17	13.03
世界	4 520.97	4 675.89	5 251.54	5 006.80	3 810.88

数据来源：https://stats.wto.org/。

3.1.2.3 服务贸易出口情况

从 2016—2020 年中国对 RCEP 其他成员国和世界的服务贸易出口情况来看（见表 3.7），2016—2019 年，中国对外服务贸易出口相对稳定，出口额最高的国家是韩国，从 2016 年的 154.3 亿美元增长到 2019 年的 171.27 亿美元，相比增长 11%。值得注意的是，与服务贸易进口情况不同，2020 年中国服务贸易出口受到疫情冲击较小，中国对世界的服务贸易出口额为 2 806.29 亿美元，比 2016 年增长了 33.9%；但是对 RCEP 其他成员国的服务贸易出口均出现了不同程度的下降，其中下降幅度最大的是澳大利亚，对澳大利亚的服务贸易出口额从 2019 年的 22.69 亿美元下降到 2020 年的 10.2 亿美元，同比下降 55.05%。

表 3.7 2016—2020 年中国对 RCEP 其他成员国和世界的服务贸易出口情况

单位：亿美元

国家（地区）	2016 年	2017 年	2018 年	2019 年	2020 年
澳大利亚	20.95	22.45	24.81	22.69	10.20
日本	104.81	100.01	112.01	121.91	103.86
韩国	154.30	165.20	188.02	171.27	163.14

表3.7(续)

国家（地区）	2016 年	2017 年	2018 年	2019 年	2020 年
新西兰	4.30	5.16	5.27	5.28	3.87
世界	2 095.29	2 280.90	2 714.51	2 831.92	2 806.29

数据来源：https://stats.wto.org/。

3.2　中国—东盟货物贸易合作现状

3.2.1　中国—东盟货物贸易总体情况

3.2.1.1　中国—东盟货物贸易规模

RCEP 实施一年来，东盟作为全球经济增长较快的地区之一，与我国的贸易往来更加密切，双边经贸关系更加活跃。2022 年我国与东盟的贸易进出口总额达 6.52 万亿元，同比增长 15%，其中出口额为 3.79 万亿元，同比增长 21.7%，进口额为 2.73 万亿元，同比增长 6.8%。2022 年东盟占我国的外贸比重为 15.5%，比 2021 年上涨一个百分点；我国对东盟的进出口总额占我国对 RCEP 其他成员国进出口总额的 50.3%，东盟继续保持我国第一大贸易伙伴地位，我国与东盟的进出口贸易效率也一直保持较高水平，优于中国对其他国家或地区的贸易效率（王睿 等，2022）。2022 年我国对东盟进出口的中间产品总额达 4.36 万亿元，同比增长 16.2%，占我国与东盟贸易进出口总额的 67%。在东盟成员国中，越南、马来西亚和印尼是我国前三大贸易伙伴①。

由表 3.8 数据可知，2013—2022 年中国—东盟的货物贸易无论是进口额、出口额还是进出口总额均保持快速增长趋势。进口额从 2013 年的 1 995.59 亿美元增长至 2022 年的 4 080.50 亿美元，2022 年的进口额是 2013 年的 2.04 倍；出口额从 2013 年的 2 440.4 亿美元增长至 2022 年的 5 672.9 亿美元，2022 年的出口额是 2013 年的 2.32 倍；进出口总额从 2013 年的 4 435.99亿美元增长至 2022 年的 9 753.40 亿美元，2022 年的进出口总额是 2013 年的 2.2 倍。总体看，近十年来中国与东盟的双边贸易处于快速发展的阶段，尤其是 2021 年东盟大量购进中国出口货物，成为中

———————

① 资料来源：http://asean.mofcom.gov.cn/article/jmxw/202301/20230103379201.shtml。

国第一大贸易伙伴，2022 年继续保持这一态势。从贸易差值来看，我国对东盟的贸易顺差从 2013 年的 444.81 亿美元增长至 2022 年的 1 592.4 亿美元，扩大了 2.6 倍，在贸易收支上处于有利地位。

表 3.8　2013—2022 年中国—东盟双边货物贸易进出口情况

单位：亿美元

年份	进口额	出口额	进出口总额	贸易差值
2013	1 995.59	2 440.40	4 435.99	444.81
2014	2 082.40	2 720.46	4 802.86	638.06
2015	1 944.75	2 772.91	4 717.66	828.16
2016	1 963.07	2 560.01	4 523.08	596.94
2017	2 359.51	2 795.02	5 154.53	435.51
2018	2 693.83	3 190.03	5 883.86	496.20
2019	2 823.45	3 595.11	6 418.56	771.66
2020	3 019.67	3 836.75	6 856.42	817.08
2021	3 951.54	4 835.30	8 786.84	883.76
2022	4 080.50	5 672.90	9 753.40	1 592.40

数据来源：UN COMTRADE。

从 2014—2022 年中国—东盟双边货物贸易增长率的表现来看（见表 3.9），从 2017 年开始，中国与东盟的双边货物贸易一直保持增长趋势；从进口增长率来看，2014—2022 年基本保持正向增长，平均增长率为 8.77%，其中 2015 年中国—东盟双边货物贸易进口增长率为负，主要受到美国与日本、新加坡等 12 个国家开启 TPP 谈判的影响，中国与部分 RCEP 谈判参与国的政治关系出现寒冬。从出口增长率来看（见图 3.1），2014—2022 年中国—东盟货物贸易平均出口增长率为 10.2%，高于平均进口增长率，2021 年增速达到最大值为 26.03%，表明我国对东盟国家的货物贸易出口释放出了巨大潜力。从进口增长率来看，我国对东盟国家的进口增长率除 2015 年外均为正，2021 年达到最大值为 30.86%。

表 3.9 2014—2022 年中国—东盟双边货物贸易增长率

单位:%

年份	进口增长率	出口增长率	进出口增长率
2014	4.35	11.48	8.27
2015	−6.61	1.93	−1.77
2016	0.94	−7.68	−4.12
2017	20.19	9.18	13.96
2018	14.17	14.13	14.15
2019	4.81	12.70	9.09
2020	6.95	6.72	6.82
2021	30.86	26.03	28.15
2022	3.26	17.32	11.00

数据来源:UN COMTRADE。

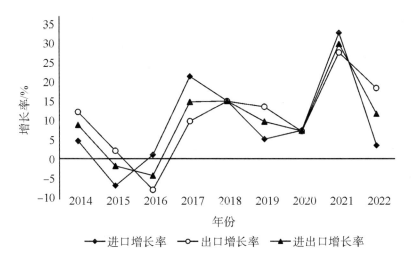

图 3.1 2014—2022 年中国—东盟双边货物贸易增长率趋势

由表 3.10 可知,2012—2021 年中国对东盟国家的贸易进出口总额增幅最高的三个国家是柬埔寨、越南和缅甸,进出口变化率分别为367.53%、356.41%、171.20%;2012—2021 年东盟国家中贸易进出口总额变化率较低的三个国家是新加坡、文莱和马来西亚,变化率分别为35.71%、76.06%、86.53%。从东盟成员国占中国—东盟双边货物贸易总额的比重来看,2012 年排名前三的国家是马来西亚、泰国和新加坡,占比分别为 23.70%、17.43%、17.31%;2021 年排名前三的国家是越南、马来西亚和泰国，占比分别为 26.20%、20.13%、14.93%；越南与中国的进出口贸易额大幅增加，已成为中国在东盟区内的第一大贸易伙伴。

表 3.10　中国与东盟国家双边货物贸易进出口情况

国家 (地区)	2012 年		2015 年		2018 年		2021 年		变化率/%
	总额 /亿美元	占比/%	总额 /亿美元	占比/%	总额 /亿美元	占比/%	总额 /亿美元	占比/%	
文莱	16.25	0.41	15.08	0.32	18.4	0.31	28.61	0.33	76.06
缅甸	69.72	1.74	151	3.20	160.06	2.72	189.08	2.15	171.20
柬埔寨	29.23	0.73	44.3	0.94	73.85	1.26	136.66	1.56	367.53
印尼	662.21	16.55	542.28	11.49	773.43	13.14	1 245.36	14.17	88.06
老挝	17.25	0.43	27.73	0.59	34.72	0.59	43.41	0.49	151.65
马来西亚	948.31	23.70	972.57	20.62	1 085.81	18.45	1 768.91	20.13	86.53
菲律宾	363.75	9.09	456.37	9.67	556.49	9.46	820.68	9.34	125.62
新加坡	692.8	17.31	795.23	16.86	827.71	14.07	940.18	10.70	35.71
越南	504.42	12.61	958.49	20.32	1 478.33	25.13	2 302.21	26.20	356.41
泰国	697.48	17.43	754.6	16.00	875.09	14.87	1 311.73	14.93	88.07
东盟	4 001.42	100.00	4 717.65	100.00	5 883.89	100.00	8 786.83	100.00	119.59

数据来源：UN COMTRADE。

3.2.1.2　中国—东盟货物贸易变化趋势

1991 年建立中国—东盟对话机制以来，中国与东盟国家保持着日益密切的关系，双边经贸成果显著。2020 年东盟首次成为我国第一大贸易伙伴，2020 年 11 月中国与东盟等国家正式签署 RCEP，经贸合作迎来重大机遇。本书利用中华人民共和国海关总署发布的中国—东盟贸易指数，通过对双边贸易情况进行量化分析，从贸易密切、贸易质量、贸易潜力、贸易活力、贸易环境五个维度评估双边贸易发展水平和发展前景，直观展示出我国与东盟的双边贸易发展现状，2010—2021 年中国—东盟贸易指数趋势如图 3.2 所示。

从图 3.2 可以看出，中国—东盟的贸易在中国—东盟自由贸易区的建设与 RCEP 不断深化的支撑下得到了快速发展，总体来看中国—东盟贸易指数保持着良好的增长态势。2010—2015 年，中国—东盟的双边贸易指标均处于平稳上升阶段；2016—2019 年贸易总指数产生较小波动，特别是贸易质量指标在 2016 年出现下降趋势；2020 年受到疫情对全球产业链调整等因素的影响，中国—东盟贸易总指数得到大幅度改善，2021 年上升至 298.02 为历年来最高，其中贸易质量、贸易潜力与贸易环境指标均达到了最大值。

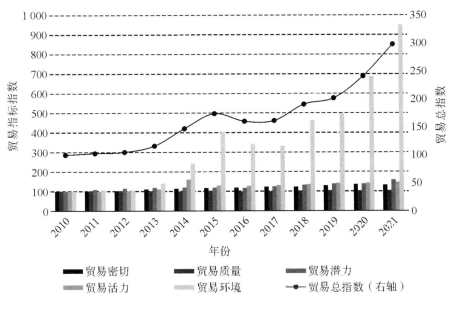

图 3.2 中国—东盟贸易指数趋势

数据来源：中华人民共和国海关总署。

从分项来看，贸易密切指标自 2012 年起呈上升趋势，在 2020 年达到峰值为 134.47，表明中国与东盟贸易往来日益紧密，2021 年受到贸易结合度、贸易依赖度、行业内贸易密切度等二级指标下降的影响，贸易密切指标下降 2.41；贸易质量指标一直维持稳定状态，从 2011 年的 102.01 增长到 2021 年的 103.96；贸易潜力指标从 2011 年的 109.48 增长到 2021 年的 158.02，增长了 48.54；贸易活力指标从 2011 年的 97.02 增长到 2021 年的 145.34，增长了 48.32。贸易潜力与贸易活力指标的增加表明 RCEP 的实施给中国—东盟双边货物贸易带来了更多的增长空间。贸易环境指标在 2011—2021 年一直保持迅猛增长的态势，从 2011 年的 106.97 增长到 2021 年的 950.69，增长了 7.89 倍，是中国—东盟五个贸易指标中增长最快的指标，这都得益于中国—东盟双边贸易中金融环境、市场环境与基础设施环境的改善，为推动区域贸易带来了积极影响。

3.2.2　中国—东盟货物贸易商品结构

贸易结构分析是通过对贸易品进行分类，以考察各国各类贸易品的进出口与贸易平衡状况的重要方法（李林蔚 等，2022）。本书采用中华人民共和国海关 HS 编码，将不同章节商品分为 22 类①，同时根据燕春蓉等（2010）的分类标准，进一步按生产要素将进出口贸易商品分为劳动密集型产品、资本密集型产品、资源密集型产品、资本和技术密集型产品（见表 3.11）。

表 3.11　中国进出口商品分类

商品类别	章节	商品组成名称	生产要素分类
植物产品	第 8 章	食用水果及坚果；甜瓜或柑橘属水果的果皮	资源密集型产品
油脂蜡	第 15 章	动、植物油、脂及其分解产品；精制的食用油脂；动、植物蜡	资本和技术密集型产品
矿产品	第 27 章	矿物燃料、矿物油及其蒸馏产品；沥青物质；矿物蜡	资源密集型产品
化工产品	第 28 章	无机化学品；贵金属、稀土金属、放射性元素及其同位素的有机及无机化合物	资本密集型产品
	第 29 章	有机化学品	
塑料橡胶	第 39 章	塑料及其制品	资本密集型产品
纺织原料	第 61 章	针织或钩编的服装及衣着附件	劳动密集型产品
	第 62 章	非针织或非钩编的服装及衣着附件	
贱金属	第 72 章	钢铁	资源密集型产品
	第 73 章	钢铁制品	
机电产品	第 84 章	核反应堆、锅炉、机器、机械器具及零件	资本密集型产品
	第 85 章	电机、电气设备及其零件；录音机及放声机、电视图像、声音的录制和重放设备及其零件、附件	

---

　　① 本书提到的商品类别根据 HS 编码划分，HS 编码共分为 22 类 98 个章节。其中，动物产品包括第 1~5 章；植物产品包括第 6~14 章；油脂蜡包括第 15 章；饮食酒醋包括第 16~24 章；矿产品包括第 25~27 章；化工产品包括第 28~38 章；塑料橡胶包括第 39~40 章；皮革皮毛包括第 41~43 章；木制品包括第 44~46 章；木浆制品包括第 47~49 章；纺织原料包括第 50~63 章；轻工产品包括第 64~67 章；石料玻璃包括第 68~70 章；珠宝首饰包括第 71 章；贱金属包括第 72 ~83章；机电产品包括第 84~85 章；运输设备包括第 86~89 章；仪表仪器包括第 90~92 章；武器弹药包括第 93 章；杂项制品包括第 94~96 章；艺术收藏包括第 97 章；特殊交易品及未分类包括第 98章。

表3.11(续)

商品类别	章节	商品组成名称	生产要素分类
运输设备	第87章	车辆及其零件、附件,但铁道及电车道车辆除外	资本密集型产品
仪表仪器	第90章	光学、照相、电影、计量、检验、医疗或外科用仪器及设备、精密仪器及设备;上述物品的零件、附件	资本密集型产品
杂项制品	第94章	家具;寝具、褥垫、弹簧床垫、软坐垫及类似的填充制品;未列名灯具及照明装置;发光标志、发光铭牌及类似品;活动房屋	劳动密集型产品

3.2.2.1 中国—东盟货物贸易出口结构

2022年中国出口东盟的前五类商品分别是机电产品、钢铁及其制品、塑料及其制品、矿产品和杂项制品,出口商品总价值为25 959.8亿元,较上年增长31.6%。其中机电产品是中国出口东盟最多的商品,出口额为7 172.4亿元,占中国对东盟出口额的比重为27.6%;钢铁及其制品紧随其后,出口额为2 740.1亿元,比2021年的1 904.6亿元同比增长43.9%;塑料及其制品、矿产品和杂项制品是中国对东盟出口的第三、第四、第五大类产品,分别为1 411.7亿元、1 056.6亿元和921.2亿元(见表3.12)。

从国别结构来看,中国对东盟贸易出口的商品结构也呈现较大的差异。依据贸易额数值划分为三个梯队:第一梯队是越南、马来西亚、泰国和印度尼西亚,其对机电产品与钢铁及其制品的需求较高;第二梯队是新加坡与菲律宾;第三梯队是柬埔寨、缅甸、老挝和文莱等不发达国家。

表 3.12 2022 年中国—东盟货物贸易出口结构

单位:亿元

国家	机电产品	钢铁及其制品	塑料及其制品	矿产品	杂项制品
越南	1 890.3	536.4	352.5	66.3	125.1
马来西亚	1 144.3	288.8	236.3	143.8	227.5
泰国	1 130.4	439.9	197.1	33.4	138.3
印尼	1 401.4	416.7	179.1	94.4	89.5
新加坡	672.8	223.4	216.4	527.7	182.2

表3.12(续)

国家	机电产品	钢铁及 其制品	塑料及 其制品	矿产品	杂项制品
菲律宾	605.4	667.6	140.9	149.7	116.8
柬埔寨	167.5	37.1	48.2	11.2	24.7
缅甸	105.1	109.9	34.5	8.3	13.5
老挝	49.7	14.2	5.3	0.5	1.4
文莱	5.5	6.0	1.3	21.3	2.2
总计	7 172.4	2 740.0	1 411.6	1 056.6	921.2

数据来源：中华人民共和国海关总署。

从表 3.13 数据来看，近年来中国对东盟出口的商品结构主要呈现以下特点：第一，中国对东盟的出口商品以机电产品和钢铁及其制品为主，机电产品近三年的贸易出口占总体贸易出口比重分别为 31.2%、29.5%、27.6%，钢铁及其制品近三年的贸易出口占总体贸易出口比重分别为 8.5%、9.7%、10.6%。第二，近年来我国对东盟的矿产品出口贸易额呈现下降趋势，出口占比从 2018 年的 6.7% 下降到 2022 年的 4.0%；塑料及其制品的出口贸易占比在逐渐上升，从 2018 年的 3.3% 上升到 2022 年的 5.4%；杂项制品的出口额较为稳定。第三，从商品的生产要素分类来看，我国向东盟出口的商品以资本密集型和资源密集型产品为主，劳动密集型产品最少。

表 3.13　2018—2022 年中国对东盟出口主要商品变化趋势

排名	2018 年		2019 年		2020 年		2021 年		2022 年	
	类别	占比 /%	类别	占比 /%	类别	占比 /%	类别	占比 /%	类别	占比 /%
1	机电产品	28.2	机电产品	29.6	机电产品	31.2	机电产品	29.5	机电产品	27.6
2	钢铁及其制品	11.2	钢铁及其制品	9.4	钢铁及其制品	8.5	钢铁及其制品	9.7	钢铁及其制品	10.6
3	矿产品	6.7	矿产品	6.4	塑料及其制品	4.7	塑料及其制品	5.0	塑料及其制品	5.4
4	塑料及其制品	3.3	塑料及其制品	3.9	矿产品	4.0	矿产品	3.7	矿产品	4.0
5	运输设备	3.1	杂项制品	3.4	杂项制品	3.9	运输设备	3.2	杂项制品	3.5

数据来源：中华人民共和国海关总署。

3.2.2.2　中国—东盟货物贸易进口结构

2022 年中国进口东盟的前五类商品分别是机电产品、矿产品、钢铁、塑料及其制品和油脂蜡，进口商品总价值为 15 336.94 亿元，较上年增长 6.2%。其中机电产品是中国进口东盟最多的商品，进口额为 3 387.52 亿

元，占中国对东盟进口额的比重为 22.1%；矿产品紧随其后，进口额为
2 769.83 亿元，比 2021 年的 2 782.6 亿元同比减少 12.77 亿元；钢铁、塑
料及其制品和油脂蜡是中国对东盟进口的第三、第四、第五大类产品，分
别为 1 268.57 亿元、631.98 亿元和 598.26 亿元。进一步针对国别分析发
现（见表 3.14），在东盟国家中马来西亚是我国进口机电产品最多的国家，
进口额为 1 071.27 亿元，占中国进口东盟机电产品比重的 31.6%；印尼是
我国进口矿产品和钢铁最多的国家，进口额分别为 1 485.88 亿元和
1 214.58 亿元，分别占中国进口东盟矿产品和钢铁产品的 53.6% 和 95.7%。

表 3.14　2022 年中国—东盟货物贸易进口结构

单位：亿元

国家	机电产品	矿产品	钢铁	塑料及其制品	油脂蜡
印尼	65.37	1 485.88	1 214.58	21.63	451.24
马来西亚	1 071.27	981.93	33.43	116.60	133.72
泰国	628.87	21.01	2.20	229.06	1.95
越南	733.04	14.53	7.53	33.65	1.15
新加坡	483.58	116.34	0.19	222.31	0.43
菲律宾	395.25	39.61	1.08	6.34	9.71
缅甸	2.45	99.35	9.56	0.74	0.06
老挝	1.12	0.83		0.88	
文莱	—	10.35			
柬埔寨	6.57	—	—	0.77	—
总计	3 387.52	2 769.83	1 268.57	631.98	598.26

数据来源：中华人民共和国海关总署。

从表 3.15 数据来看，近年来中国对东盟进口的商品结构主要呈现以下
特点：第一，中国对东盟的进口商品以机电产品和矿产品为主，机电产品
近三年的贸易进口额占总体贸易进口比重分别为 23.7%、23.2%、22.1%，
矿产品近三年的贸易进口额占总体贸易进口比重分别为 14.1%、19.3%、
18.1%。第二，近年来我国对东盟的机电产品与塑料及其制品的进口额呈
现下降趋势，机电产品进口占比从 2018 年的 25.7% 下降到 2022 年的
22.1%，塑料及其制品的进口占比从 2018 年的 6.3% 下降到 2022 年的

4.1%；食用水果、油脂蜡的进口贸易占比在逐渐上升，钢铁的进口额近三年保持稳定态势。第三，从商品的生产要素分类来看，我国向东盟进口的商品以资本密集型和资源密集型产品为主，对于机电产品、塑料及其制品等资本密集型产品的进口呈现下降趋势，对于水果等资源密集型产品呈进口扩张趋势。

表 3.15　2018—2022 年中国对东盟进口主要商品变化趋势

排名	2018 年		2019 年		2020 年		2021 年		2022 年	
	类别	占比/%	类别	占比/%	类别	占比/%	类别	占比/%	类别	占比/%
1	机电产品	25.7	机电产品	24.5	机电产品	23.7	机电产品	23.2	机电产品	22.1
2	矿产品	16.9	矿产品	20.2	矿产品	14.1	矿产品	19.3	矿产品	18.1
3	塑料及其制品	6.3	塑料及其制品	6.6	钢铁	6.5	钢铁	7.1	钢铁	8.3
4	化工产品	5.4	化工产品	4.2	塑料及其制品	5.8	塑料及其制品	4.5	塑料及其制品	4.1
5	橡胶及其制品	4.5	橡胶及其制品	3.9	橡胶及其制品	4.5	食用水果	3.8	油脂蜡	3.9

数据来源：中华人民共和国海关总署。

3.3　中国—日本货物贸易合作现状

3.3.1　中国—日本货物贸易规模

RCEP 作为首次在中日韩之间建立的自由贸易协定，促进了中日之间在经贸领域的合作，挖掘了地区经济增长潜力。从贸易规模来看，中国已经连续五年成为日本的第一大贸易伙伴国，2021 年日本也是中国的第四大贸易伙伴国。在受到疫情冲击、日本国内经济萎缩的形势下，中日贸易总额却逆势增长。根据中国海关统计结果，RCEP 签订以来，2021 年中日双边贸易总额已经达到 3 714 亿美元，同比增长 17%。在国际政治局势动荡不安与疫情跌宕反复的环境下，中日双边贸易展示出了强大的发展潜力。

由表 3.16 数据可知，2013—2022 年中国与日本的货物贸易进出口规模一直保持稳定态势，增幅较小。进口额从 2013 年的 1 622.46 亿美元增长至 2022 年的 1 845 亿美元，其中 2021 年进口额达到近十年来最高水平为 2 055.24 亿美元；出口额从 2013 年的 1 501.33 亿美元增长至 2022 年的 1 729.27 亿美元；进出口总额从 2013 年的 3 123.79 亿美元增长至 2022 年的 3 574.24 亿美元，增长了 14.4%。总体来看，近十年来中国与日本的双边贸易处于较为稳定的阶段，受到政治因素的影响，日本对华贸易相对保守，中日双边贸易存在较大的发展空间。从贸易差值来看，2013—2021年我国对日本的贸易逆差呈现波动扩大的态势，2021年贸易逆差达到最大值为397.01亿美元。2022年由于我国国内需求疲软，进口额的减少进一步降低了贸易逆差值。

表3.16 2013—2022年中国—日本双边货物贸易进出口情况

单位：亿美元

年份	进口额	出口额	进出口总额	贸易差值
2013	1 622.46	1 501.33	3 123.79	−121.13
2014	1 629.21	1 493.91	3 123.12	−135.30
2015	1 429.03	1 356.16	2 785.19	−72.87
2016	1 456.71	1 292.68	2 749.39	−164.03
2017	1 657.94	1 372.59	3 030.53	−285.35
2018	1 806.61	1 470.49	3 277.10	−336.12
2019	1 717.69	1 432.45	3 150.14	−285.24
2020	1 746.55	1 425.97	3 172.52	−320.58
2021	2 055.24	1 658.23	3 713.47	−397.01
2022	1 845.00	1 729.27	3 574.24	−115.73

数据来源：UN COMTRADE。

从货物贸易增长率的表现来看（见图3.3），中国—日本的货物贸易增长率在2014—2022年波动幅度较大。从进口增长率来看，除了2015年与2019年受到全球经济环境的影响，在2014—2021年基本保持正向增长；从出口增长率来看，2015—2018年呈现上升趋势，2021年出口增长率最高达到16.29%（见表3.17）。横向对比来看，进口增长率的波动幅度大于出口增长率波动幅度，且进口增长大于出口增长使得逆差逐步扩大。

表3.17 2014—2022年中国—日本双边货物贸易增长率

单位：%

年份	进口增长率	出口增长率	进出口增长率
2014	0.42	−0.49	−0.02
2015	−12.29	−9.22	−10.82

表3.17(续)

年份	进口增长率	出口增长率	进出口增长率
2016	1.94	−4.68	−1.29
2017	13.81	6.18	10.23
2018	8.97	7.13	8.14
2019	−4.92	−2.59	−3.87
2020	1.68	−0.45	0.71
2021	17.67	16.29	17.05
2022	−10.23	4.28	−3.75

数据来源：UN COMTRADE。

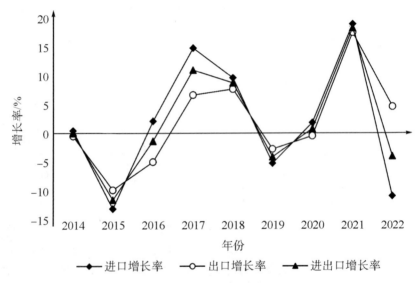

图3.3　2014—2022年中国—日本双边货物贸易增长率趋势

3.3.2　中国—日本货物贸易商品结构

3.3.2.1　中国—日本货物贸易出口结构

2022年中国出口日本前五位的商品分别是机电产品、纺织原料、杂项制品、化工产品和塑料及其制品，出口商品总价值为6 810.3亿元，较上年增长11.9%（见表3.18）。其中，机电产品是中国出口日本最多的商品，出口额为1 670.2亿元，占中国对日本出口额的比重较大，达到了24.5%，同比增长 11.4%；纺织原料紧随其后，出口额为 438.9 亿元，同比增长幅度为 3.1%；杂项制品、化工产品和塑料及其制品是中国对日本出口的第三、第四、第五大类产品，分别为 341.9 亿元、327.2 亿元和 301.1 亿元。

表 3.18　2022 年中国对日本出口主要商品构成

HS 编码	商品类别	出口总额/亿元	同比/%	占比/%
	总值	6 810.3	11.9	100
第 84~85 章	机电产品	1 670.2	11.4	24.5
第 61 章	纺织原料	438.9	3.1	6.4
第 94 章	杂项制品	341.9	−0.5	5.0
第 28 章	化工产品	327.2	68.7	4.8
第 39 章	塑料及其制品	301.1	9.6	4.4

数据来源：中华人民共和国海关总署。

从表 3.19 数据来看，近年来中国对日本出口的商品结构主要呈现以下特点：第一，中国对日本出口的商品以机电产品和纺织原料（主要指服装及附件）为主；机电产品近三年的贸易出口占总体贸易出口比重分别为 22.5%、24.6%、24.5%，纺织原料近三年的贸易出口占总体贸易出口比重分别为 20.1%、11.7%、10.9%。第二，近年来我国对日本纺织原料的出口贸易额呈现下降趋势，出口占比从 2018 年的 15.3% 下降到 2022 年的 10.9%；杂项制品的出口额近五年来一直保持稳定态势。第三，从商品的生产要素分类来看，我国向日本出口的商品以资本密集型和劳动密集型产品为主，资源密集型产品较少。

表 3.19　2018—2022 年中国对日本出口主要商品变化趋势

排名	2018 年		2019 年		2020 年		2021 年		2022 年	
	类别	占比/%	类别	占比/%	类别	占比/%	类别	占比/%	类别	占比/%
1	机电产品	21.5	机电产品	22.1	机电产品	22.5	机电产品	24.6	机电产品	24.5
2	纺织原料	15.3	纺织原料	14.7	纺织原料	20.1	纺织原料	11.7	纺织原料	10.9
3	杂项制品	5.0	杂项制品	5.3	杂项制品	5.9	杂项制品	5.6	杂项制品	5.0
4	化工产品	4.3	化工产品	4.0	塑料及其制品	4.3	塑料及其制品	4.5	化工产品	4.8
5	运输设备	3.5	钢铁制品	3.7	化工产品	3.5	化工产品	4.1	塑料及其制品	4.4

数据来源：中华人民共和国海关总署。

3.3.2.2　中国—日本货物贸易进口结构

2022 年中国进口日本前五位的商品分别是机电产品、运输设备、仪表仪器、塑料及其制品和化工产品（见表 3.20），进口商品总价值为 7 442.6 亿元，与 2021 年相比，因受到疫情的影响，我国市场需求疲软，对日本的进口受到抑制，较上年进口总额减少 7%。从商品类别来看，其中，机电产品是中国进口日本最多的商品，进口额为 3 082.7 亿元，占中国对日本进口额的比重较大，达到了 41.4%，与 2021 年相比进口额减少了 8.5%；运输设备产品紧随其后，进口额为 874.9 亿元，同比下跌幅度为 8.6%；仪表仪器、塑料及其制品和化工产品是中国对日本进口的第三、第四、第五大类产品，分别为 539.6 亿元、450.7 亿元和 257.9 亿元，其中塑料及其制品下跌幅度最大为 8.9%。

表 3.20　2022 年中国对日本进口主要商品构成

HS 编码	商品类别	进口总额/亿元	同比/%	占比/%
	总值	7 442.6	−7.0	100
第 84~85 章	机电产品	3 082.7	−8.5	41.4
第 87 章	运输设备	874.9	−8.6	11.8
第 90 章	仪表仪器	539.6	−5.9	7.3
第 39 章	塑料及其制品	450.7	−8.9	6.1
第 29 章	化工产品	257.9	−6.6	3.5

数据来源：中华人民共和国海关总署。

从表 3.21 数据来看，近年来中国对日本进口的商品结构主要呈现以下特点：第一，从整体来看，2018—2022 年中国对日本进口的商品没有发生结构性变化，排名前五类的商品分别为机电产品、运输设备、仪表仪器、塑料及其制品和化工产品。第二，中国对日本进口的商品以机电产品和运输设备为主，机电产品近三年的贸易进口额占总体贸易进口比重分别为 41.9%、42.1%、41.4%；运输设备近三年的贸易进口额占总体贸易进口比重分别为 13.4%、12.0%、11.8%。机电产品的进口额是出口额的 2 倍左右。第三，近年来我国对日本化工产品的进口额呈现下降趋势，从 2018 年的 5.2% 下降到 2022 年的 3.5%，塑料及其制品占比的进口贸易比重在逐渐上升。第四，从商品的生产要素分类来看，我国向日本进口的商品以资本密集型产品为主，占比为 70% 以上。

表 3.21　2018—2022 年中国对日本进口主要商品变化趋势

排名	2018 年		2019 年		2020 年		2021 年		2022 年	
	类别	占比/%	类别	占比/%	类别	占比/%	类别	占比/%	类别	占比/%
1	机电产品	43.8	机电产品	42.5	机电产品	41.9	机电产品	42.1	机电产品	41.4
2	运输设备	12.8	运输设备	13.5	运输设备	13.4	运输设备	12.0	运输设备	11.8
3	仪表仪器	7.0	仪表仪器	7.1	仪表仪器	7.6	仪表仪器	7.2	仪表仪器	7.3
4	塑料及其制品	5.2	塑料及其制品	5.7	塑料及其制品	6.1	塑料及其制品	6.2	塑料及其制品	6.1
5	化工产品	5.2	化工产品	5.1	化工产品	3.5	化工产品	3.5	化工产品	3.5

数据来源：中华人民共和国海关总署。

3.4　中国—韩国货物贸易合作现状

3.4.1　中国—韩国货物贸易规模

在 1992—2022 年中韩建交的 30 年中，中韩两国不断扩大贸易规模，深化经贸合作，中国已经连续 19 年占据韩国第一大贸易伙伴国的位置。随着 RCEP 的生效实施，中韩贸易呈现出更加强劲的增长势头，甚至在 2022 年中韩贸易总量超过中日贸易总量，韩国成为中国的第四大贸易伙伴。

由表 3.22 数据可知，2013—2022 年中韩贸易规模不断扩大，进出口总额从 2013 年的 2 742.38 亿美元增长至 2022 年的 3 622.88 亿美元，增长了 32.1%。其中，进口额从 2013 年的 1 830.73 亿美元增长至 2022 年的 1 996.67 亿美元，2021 年进口额达到近十年来最高水平 2 134.45 亿美元；出口额从 2013 年的 911.65 亿美元增长至 2022 年的 1 626.21 亿美元，增长了 78.4%。从贸易差值来看，中国长期处于逆差地位，并且贸易逆差随中韩整体贸易规模而变化。2013—2018 年贸易逆差在高位持续波动，2018 年贸易逆差达到最大值 958.87 亿美元，2019 年以后呈现稳定下降的趋势。

表 3.22　2013—2022 年中国—韩国双边货物贸易进出口情况

单位：亿美元

年份	进口额	出口额	进出口总额	贸易差值
2013	1 830.73	911.65	2 742.38	−919.08
2014	1 901.09	1 003.33	2 904.42	−897.76

表3.22(续)

年份	进口额	出口额	进出口总额	贸易差值
2015	1 745.06	1 012.86	2 757.92	−732.2
2016	1 589.75	937.07	2 526.82	−652.68
2017	1 775.53	1 027.04	2 802.57	−748.49
2018	2 046.43	1 087.56	3 133.99	−958.87
2019	1 735.59	1 109.74	2 845.33	−625.85
2020	1 731.00	1 124.76	2 855.76	−606.24
2021	2 134.45	1 488.47	3 622.92	−645.98
2022	1 996.67	1 626.21	3 622.88	−370.46

数据来源：UN COMTRADE。

从货物贸易增长率的表现来看（见表3.23），中韩双边贸易增长率大体上呈现持续快速增长的态势，2014—2022年年均增长率为3.69%。从进口增长率来看，中国对韩国的进口增长逐渐放缓，由于我国国内产业结构的改善、中间产品生产的增加，降低了中国进口额中韩国中间产品的比重。从出口增长率来看，2014—2022年出口增长率除2016年外全部为正，2021年出口增长率达到最高值为32.34%。横向对比来看，中韩贸易中出现了中国进口减少，出口增加的现象，进口增长率的波动幅度大于出口增长率的波动幅度（见图3.4），使得中国长期处于贸易逆差地位。

表3.23 2014—2022年中国—韩国双边货物贸易增长率

单位:%

年份	进口增长率	出口增长率	进出口增长率
2014	3.84	10.06	5.91
2015	−8.21	0.95	−5.04
2016	−8.90	−7.48	−8.38
2017	11.69	9.60	10.91
2018	15.26	5.89	11.83
2019	−15.19	2.04	−9.21
2020	−0.26	1.35	0.37
2021	23.31	32.34	26.86
2022	−6.46	9.25	0

数据来源：UN COMTRADE。

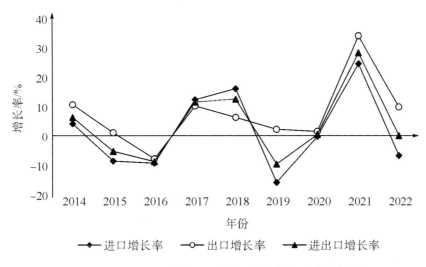

图 3.4 2014—2022 年中国—韩国双边货物贸易增长率趋势

3.4.2 中国—韩国货物贸易商品结构

3.4.2.1 中国—韩国货物贸易出口结构

2022 年中国出口韩国前五位的商品分别是机电产品、无机化学品和贵金属、钢铁、有机化学品、塑料及其制品，出口商品总价值为 6 130.4 亿元，较上年增长 14.8%（见表 3.24）。其中机电产品是中国出口韩国最多的商品，出口额为 1 468.9 亿元，占中国对韩国出口额的比重较大为 24%，同比增长 16%；无机化学品和贵金属类产品紧随其后，出口额为 690.2 亿元，同比 2021 年出口额得到大幅度提升；钢铁、有机化学品、塑料及其制品是中国对韩国出口的第三、第四、第五大类产品，分别为 403.5 亿元、360.6 亿元和 268.2 亿元。

表 3.24 2022 年中国对韩国出口主要商品构成

HS 编码	商品类别	出口总额/亿元	同比/%	占比/%
	总值	6 130.4	14.8%	100%
第 84~85 章	机电产品	1 468.9	16.0	24.0
第 28 章	无机化学品和贵金属	690.2	100.2	11.3
第 72 章	钢铁	403.5	2.1	6.6

表 3.24(续)

HS 编码	商品类别	出口总额/亿元	同比/%	占比/%
第 29 章	有机化学品	360.6	16.0	5.9
第 39 章	塑料及其制品	268.2	4.0	4.4

数据来源：中华人民共和国海关总署。

从表 3.25 数据来看，近年来中国对韩国出口的商品结构主要呈现以下特点：第一，中国对韩国出口的商品占比最高的是机电产品，近五年的出口占比一直较为稳定保持在 20% 以上；排名第二、第三的产品分别是钢铁及其制品和化工产品，化工产品近三年来出口上升趋势明显，占比从 2020 年的 10.1% 增长到 2022 年的 17.1%，增长了 69%。第二，我国对韩国出口的商品结构一直较为稳定，即使在全球经济受到疫情冲击时，2020—2022 年各项商品出口占比波动幅度也较小。第三，从钢铁及其制品与化工产品的排名变化可以看出，中韩之间交易的商品类别出现了转移，从以钢板等单纯的轻工业及重化学商品为主，转变为以半导体等高附加值中间材料为重心。第四，从商品的生产要素分类来看，我国向韩国出口的商品结构呈现多元化，资本密集型产品、资源密集型产品与劳动密集型产品的出口占比分布较为均匀。

表 3.25　2018—2022 年中国对韩国出口主要商品变化趋势

排名	2018 年		2019 年		2020 年		2021 年		2022 年	
	类别	占比/%	类别	占比/%	类别	占比/%	类别	占比/%	类别	占比/%
1	机电产品	20.8	机电产品	22.8	机电产品	24.4	机电产品	23.7	机电产品	24.0
2	钢铁及其制品	11.9	钢铁及其制品	11.5	化工产品	10.1	化工产品	12.3	化工产品	17.1
3	化工产品	10.5	化工产品	9.9	钢铁及其制品	8.9	钢铁及其制品	11.1	钢铁及其制品	10.6
4	纺织原料	7.1	纺织原料	7.0	杂项制品	5.8	杂项制品	4.9	塑料及其制品	4.4
5	杂项制品	3.7	杂项制品	4.1	塑料及其制品	4.1	塑料及其制品	4.8	杂项制品	4.0

数据来源：中华人民共和国海关总署。

3.4.2.2　中国—韩国货物贸易进口结构

2022 年中国进口韩国前五位的商品分别是机电产品、塑料及其制品、有机化学品、矿物燃料、无机化学品和贵金属（见表 3.26），进口商品总价值为 4 969.9 亿元，与 2021 年相比同样因受到疫情波动的影响，我国对韩进口受到抑制，较上年进口总额减少 6.8%，与对日进口额减少幅度相近。但是从商品类别来看，不同种类产品的进口额有升有降，占中国对韩国进口比重最大的机电产品进口额为 1 980.5 亿元, 与 2021 年相比进口额减少 12%; 矿物燃料的进口额出现了最大幅度的下降达到 28%; 塑料及其制品的进口额表现相对平稳, 进口额为 606.7 亿元; 中国对韩国进口排名第三与第五的有机化学品与无机化学品和贵金属同比增长 7.7% 和 129.3%。

表 3.26　2022 年中国对韩国进口主要商品构成

HS 编码	商品类别	进口总额/亿元	同比/%	占比/%
	总值	4 969.9	−6.8%	100%
第 84~85 章	机电产品	1 980.5	−12.0	39.8
第 39 章	塑料及其制品	606.7	−0.6	12.2
第 29 章	有机化学品	577.9	7.7	11.6
第 27 章	矿物燃料	259.8	−28.0	5.2
第 28 章	无机化学品和贵金属	236.2	129.3	4.8

数据来源: 中华人民共和国海关总署。

从表 3.27 数据来看, 近年来中国对韩国进口的商品结构主要呈现以下特点: 第一, 从整体来看, 2018—2022 年中国对韩国进口的商品发生了较为明显的结构变化, 2018—2019 年排名前五类的商品分别为机电产品、化工产品、塑料及其制品、矿产品和仪表仪器, 2020—2022 年排名前五类的商品分别为机电产品、塑料及其制品、化工产品、矿产品和钢铁及其制品。第二, 中国对韩国进口的商品以机电产品为主, 机电产品近三年的贸易进口额占总体贸易进口比重分别为 42.5%、42.2%、40.0%, 与中国对日本进口机电产品的占比相似。第三, 近年来我国对韩国矿产品的进口额呈现下降趋势, 从 2018 年的 8.2% 下降到 2022 年的 5.2%。第四, 从商品的生产要素分类来看, 我国向韩国进口的商品以资本密集型产品和资源密集型产品为主, 占比高达 76% 以上。

表 3.27　2018—2022 年中国对韩国进口主要商品变化趋势

排名	2018 年		2019 年		2020 年		2021 年		2022 年	
	类别	占比/%	类别	占比/%	类别	占比/%	类别	占比/%	类别	占比/%
1	机电产品	42.6	机电产品	41.6	机电产品	42.5	机电产品	42.2	机电产品	40.0
2	化工产品	14.9	化工产品	14.1	塑料及其制品	11.5	化工产品	12.0	化工产品	16.4

排名	2018 年		2019 年		2020 年		2021 年		2022 年	
	类别	占比/%	类别	占比/%	类别	占比/%	类别	占比/%	类别	占比/%
3	塑料及其制品	9.4	塑料及其制品	10.4	化工产品	10.3	塑料及其制品	11.4	塑料及其制品	12.2
4	矿产品	8.2	矿产品	7.9	矿产品	7.5	矿产品	6.8	矿产品	5.2
5	仪表仪器	4.1	仪表仪器	4.0	钢铁及其制品	5.2	钢铁及其制品	4.0	钢铁及其制品	4.1

数据来源：中华人民共和国海关总署。

3.5 中国与澳大利亚、新西兰的货物贸易合作现状

3.5.1 中国—澳大利亚货物贸易合作现状

3.5.1.1 中国—澳大利亚货物贸易规模

中澳双方从 1972 年建交到现在，一直保持密切的经贸往来，尤其是 RCEP 的签署与实施，进一步激活了两国的贸易潜能。澳大利亚作为美国的传统盟友，其政策选择对中澳之间的经贸往来产生了重要影响，但总体来看，2013—2022 年中国与澳大利亚的货物贸易进出口额除个别年份略有波动外，进出口总额从 2013 年的 1 365.08 亿美元增长至 2022 年的 2 209.19 亿美元，增长了 61.84%，整体呈现上升趋势，2021 年升至历史最高点（见表 3.28）。其中，进口额从 2013 年的 989.54 亿美元增长至 2022 年的 1 420.91 亿美元，2021 年进口额达到近十年来最高水平为 1 637.30 亿美元；出口额从 2013 年的 375.54 亿美元增长至 2022 年的 788.27 亿美元，增长超过一倍。从贸易差值来看，中国对澳大利亚的货物贸易一直处于逆差状态，2013—2021 年贸易逆差呈现波动扩大的态势，2021 年贸易逆差达到最大值为 973.46 亿美元，2022 年贸易逆差有所回落。

表 3.28　2013—2022 年中国—澳大利亚双边货物贸易进出口情况

单位：亿美元

年份	进口额	出口额	进出口总额	贸易差值
2013	989.54	375.54	1 365.08	−614.00
2014	976.31	391.46	1 367.77	−584.85
2015	735.10	403.07	1 138.17	−332.03
2016	708.95	372.82	1 081.77	−336.13

表3.28(续)

年份	进口额	出口额	进出口总额	贸易差值
2017	950. 09	414. 38	1 364. 47	−535. 71
2018	1 058. 11	473. 30	1 531. 41	−584. 81
2019	1 212. 90	482. 30	1 695. 20	−730. 60
2020	1 176. 94	534. 68	1 711. 62	−642. 26
2021	1 637. 30	663. 84	2 301. 14	−973. 46
2022	1 420. 91	788. 27	2 209. 18	−632. 64

数据来源：UN COMTRADE。

3.5.1.2 中国—澳大利亚货物贸易结构

澳大利亚与中国的货物贸易结构呈现出很强的互补性，具体表现为澳大利亚向中国出口肉食、羊毛等初级产品，向中国进口机电产品等深加工类产品。中国对澳大利亚出口的商品结构主要呈现以下特点（见表3.29）：第一，中国对澳大利亚的出口商品以机电产品和杂项制品为主，机电产品近三年的贸易出口额占总体贸易出口比重分别为34.7%、32.8%、31.1%；杂项制品近三年的贸易出口额占总体贸易出口比重分别为7.9%、7.7%、6.5%。第二，近年来我国对澳大利亚出口的商品结构较为稳定。第三，从商品的生产要素分类看，我国向澳大利亚出口的商品以资本密集型和劳动密集型产品为主，资源密集型产品较少。

表 3. 29　2018—2022 年中国对澳大利亚出口主要商品变化趋势

排名	2018 年		2019 年		2020 年		2021 年		2022 年	
	类别	占比/%	类别	占比/%	类别	占比/%	类别	占比/%	类别	占比/%
1	机电产品	35. 8	机电产品	35. 9	机电产品	34. 7	机电产品	32. 8	机电产品	31. 1
2	杂项制品	6. 8	杂项制品	6. 9	杂项制品	7. 9	杂项制品	7. 7	杂项制品	6. 5
3	钢铁制品	4. 8	矿物燃料	5. 4	纺织原料	6. 8	运输设备	5. 2	运输设备	6. 3
4	塑料及其制品	4. 5	塑料及其制品	4. 6	塑料及其制品	5. 2	塑料及其制品	5. 1	塑料及其制品	5. 3
5	矿物燃料	4. 2	钢铁制品	4. 3	钢铁制品	4. 5	钢铁制品	5. 0	钢铁制品	4. 9

数据来源：中华人民共和国海关总署。

从表3.30数据来看，近年来中国对澳大利亚进口的商品结构主要呈现以下特点：第一，从整体来看，2018—2022 年中国对澳大利亚进口的商品没有发生结构变化，进口商品主要包括矿产品、珠宝首饰、肉食和羊毛等。第二，中国对澳大利亚进口的商品结构较为单一，集中度较高，近三年矿产品的贸易进口额占总体贸易进口比重分别为 84.7%、83.2%、

80.8%。第三，受到需求端的影响，从 2020 年开始我国对珠宝首饰的进口额呈现下降趋势，从 2018 年的 10% 下降到 2022 年的 5.9%，其中 2020 年进口比重达到最低为 1%。第四，从商品的生产要素分类来看，我国向澳大利亚进口的商品以资源密集型产品为主，占比高达 80% 以上。

表 3.30　2018—2022 年中国对澳大利亚进口主要商品变化趋势

排名	2018 年		2019 年		2020 年		2021 年		2022 年	
	类别	占比/%	类别	占比/%	类别	占比/%	类别	占比/%	类别	占比/%
1	矿产品	73.0	矿产品	78.0	矿产品	84.7	矿产品	83.2	矿产品	80.8
2	珠宝首饰	10.0	珠宝首饰	6.3	肉食	1.9	珠宝首饰	5.6	珠宝首饰	5.9
3	羊毛	2.2	肉食	2.1	铜及其制品	1.2	镍及其制品	2.0	谷物	2.0
4	肉食	1.4	羊毛	1.5	珠宝首饰	1.0	肉食	1.2	肉食	1.7
5	木及木制品	1.4	木及木制品	1.2	羊毛	1.0	羊毛	1.1	镍及其制品	1.6

数据来源：中华人民共和国海关总署。

3.5.2　中国—新西兰货物贸易合作现状

3.5.2.1　中国—新西兰货物贸易规模

新西兰作为第一个与中国签订自由贸易协定的西方发达国家，与中国的资源禀赋有较大差异，在货物贸易中表现出很强的互补性，两国的相互合作很好地满足了各自的需求。中国作为新西兰最大的贸易伙伴，约占新西兰对外贸易比重的 30%。由表 3.31 数据可知，中国与新西兰的货物贸易规模较小，但是 2013—2022 年中国与新西兰的货物贸易进出口规模整体呈扩大趋势，进出口总额从 2013 年的 123.85 亿美元增长至 2022 年的 251.51 亿美元，增长了 103.08%。其中，进口额从 2013 年的 82.53 亿美元增长至 2022 年的 159.76 亿美元，增长了 93.58%；出口额从 2013 年的 41.32 亿美元增长至 2022 年的 91.75 亿美元，增长超过一倍。从贸易差值来看，2013—2021 年我国对新西兰的贸易逆差呈现波动扩大的态势，2021 年贸易逆差达到最大值为 75.94 亿美元，2022 年贸易逆差有所回落。

表 3.31　2013—2022 年中国—新西兰双边货物贸易进出口情况

单位：亿美元

年份	进口额	出口额	进出口总额	贸易差值
2013	82.53	41.32	123.85	−41.21
2014	95.06	47.38	142.44	−47.68

表3.31(续)

年份	进口额	出口额	进出口总额	贸易差值
2015	65.84	49.19	115.03	−16.65
2016	71.41	47.62	119.03	−23.79
2017	93.91	51.00	144.91	−42.91
2018	110.83	57.75	168.58	−53.08
2019	125.58	57.36	182.94	−68.22
2020	120.76	60.53	181.29	−60.23
2021	161.55	85.61	247.16	−75.94
2022	159.76	91.75	251.51	−68.01

数据来源：UN COMTRADE。

3.5.2.2　中国—新西兰货物贸易结构

从2018—2022年中国对新西兰出口主要商品的变化趋势发现（见表3.32），2022年中国出口新西兰的前五位商品分别是机电产品、运输设备、纺织原料、杂项制品和塑料及其制品，出口商品总额为91.75亿美元，较上年增长7.2%。其中，机电产品是中国出口新西兰商品中占比最高的产品，平均比重约为25%。从商品的生产要素分类来看，我国向新西兰出口的商品以资本密集型产品和劳动密集型产品为主，大部分属于低技术含量、低附加值的工业制成品。

表3.32　2018—2022年中国对新西兰出口主要商品变化趋势

排名	2018 年		2019 年		2020 年		2021 年		2022 年	
	类别	占比/%	类别	占比/%	类别	占比/%	类别	占比/%	类别	占比/%
1	机电产品	27.2	机电产品	25.1	机电产品	26.2	机电产品	25.3	机电产品	24.3
2	纺织原料	10.6	纺织原料	9.8	纺织原料	8.4	杂项制品	8.6	运输设备	9.0
3	杂项制品	7.5	杂项制品	8.4	杂项制品	8.4	纺织原料	7.9	纺织原料	7.3
4	塑料及其制品	5.9	塑料及其制品	6.1	塑料及其制品	6.3	运输设备	6.3	杂项制品	6.8
5	钢铁制品	4.9	钢铁制品	5.4	钢铁制品	5.3	塑料及其制品	6.3	塑料及其制品	6.0

数据来源：中华人民共和国海关总署。

从表3.33数据来看，近年来中国对新西兰进口的商品结构主要呈现以下特点：第一，从整体来看，2018—2022年中国对新西兰进口的商品没有发生结构性变化，进口商品主要以各种初级产品为主，进口商品结构较为单一。第二，从商品的生产要素分类来看，我国向新西兰进口的商品以乳

蛋品、蜂蜜、木及木制品和肉食等资源密集型产品为主，占比达 65%
以上。

表 3.33　2018—2022 年中国对新西兰进口主要商品变化趋势

排名	2018 年		2019 年		2020 年		2021 年		2022 年	
	类别	占比/%	类别	占比/%	类别	占比/%	类别	占比/%	类别	占比/%
1	乳蛋品、蜂蜜	27.8	乳蛋品、蜂蜜	27.5	乳蛋品、蜂蜜	30.1	乳蛋品、蜂蜜	30.3	乳蛋品、蜂蜜	32.2
2	木及木制品	23.2	木及木制品	19.0	木及木制品	16.3	木及木制品	21.2	木及木制品	17.1
3	肉食	12.3	肉食	17.2	肉食	15.7	肉食	16.0	肉食	16.7
4	粮食谷物	8.7	粮食谷物	10.8	粮食谷物	12.0	粮食谷物	8.5	粮食谷物	8.8
5	有机化学品	5.5	水果坚果	4.2	水果坚果	4.3	水果坚果	4.0	水果坚果	3.9

数据来源：中华人民共和国海关总署。

4 出口高质量发展的核心内涵

高质量发展是全面建设社会主义现代化国家的首要任务。2021 年的中央经济工作会议指出，中国要以高水平开放促进深层次改革，推动高质量发展。习近平总书记在党的二十大报告中也指出，要"依托我国超大规模市场优势，以国内大循环吸引全球资源要素，增强国内国际两个市场两种资源联动效应，提升贸易投资合作质量和水平"，以促进我国高水平对外开放。

2022 年 1 月 RCEP 正式生效，商务部即会同国家发展改革委、工业和信息化部、中国人民银行、海关总署、市场监管总局联合印发了《关于高质量实施〈区域全面经济伙伴关系协定〉（RCEP）的指导意见》（以下简称《指导意见》）。该《指导意见》旨在帮助企业把握 RCEP 发展机遇，并与各地方发展战略紧密对接，以保障 RCEP 的签署和落地，有助于我国通过高水平对外开放推动高质量发展。

《指导意见》的总体目标是通过高质量实施 RCEP，以更高水平开放促进更深层次改革；引导鼓励企业以 RCEP 实施为契机，进一步提升贸易和投资发展水平，扩大国际合作，提升质量标准，促进产业升级，增强自身参与国际市场的竞争力；引导地方政府高质量实施 RCEP 各项工作，以推动实现高质量发展；助力企业精准化应用 RCEP 各领域规则，加速提升其国际竞争力；助力企业把握 RCEP 带来的机遇，以促进经济高质量发展。

《指导意见》聚焦六大方向，提出 30 条重点任务，涉及 87 项具体措施。具体方向和任务如下：

（1）利用好协定市场开放承诺和规则，推动贸易投资高质量发展。具体包括 9 项任务：促进货物贸易发展；确保优惠原产地规则发挥实效；高标准实施海关程序和贸易便利化规则；加强动植物检疫和食品安全国际合作；提高服务贸易对外开放水平；提升投资自由化便利化水平；提升对外投资便利化水平，提高对外投资质量效益；加强知识产权保护；高水平履行电子商务规则。本条重点是保障 RCEP 各项承诺和规则落地。

（2）促进制造业升级，提升产业竞争力。具体包括 4 项任务：推动制造业优化升级；深入实施质量提升行动；加强高端产业链合作和制造业项目合作，培育多元化全球供应链网络；健全产业开放安全保障体系。其中，"质量提升行动"特别体现了 RCEP 全面质量管理的重要性，RCEP 的签署与落地能够增强对外贸易的质量效益，也能以质量提升加强我国在 RCEP 国家间的市场参与能力。

（3）推进国际标准合作和转化，提升标准对产业发展的促进作用。具体包括 4 项任务：积极实施标准化战略，加快构建推动高质量发展的国家标准化体系；加大对适用的国际标准的采标力度，提升转化率；加大参与国际标准制订和对接力度，加强行业交流合作；推动标准协调和合格评定结果互认合作。本条注重 RCEP 国家间各项标准的对接，以保障贸易投资往来的顺畅，推动贸易高质量发展。

（4）完善金融支持和配套政策体系。具体包括 2 项任务：进一步提升贸易投资的金融服务质效；提高人民币结算对贸易投资发展的支持作用。本条体现了 RCEP 的生效为金融机构提供了巨大发展空间，通过提供高质量的金融服务推动贸易高质量发展。

（5）因地制宜用好 RCEP 规则，提升营商环境。具体包括 6 项任务：构建市场化、法治化、国际化的营商环境；结合地方优势和特点抢抓机遇；帮助中西部等地区提升参与国际市场竞争的能力；发挥海南自由贸易港政策和 RCEP 的叠加效应；支持自由贸易试验区积极推动制度创新；促进边境贸易发展。本条重点围绕以 RCEP 来打造良好的营商环境，为贸易持续稳定增长创造有利的外部条件和环境，推动贸易高质量发展。

（6）持续深入做好面向企业的配套服务。具体包括 5 项任务：建立自贸协定实施公共服务平台；发挥驻外经商机构对企业在海外的服务功能；增强展会等平台对贸易投资发展的促进作用；持续做好宣传培训；加强 RCEP 实施效果跟踪。本条指出政府和监管机构要发挥良好的服务作用，为贸易投资提供良好的制度环境，助力贸易高质量发展。

当前面临复杂严峻的外部环境，RCEP 的正式生效使中国的对外开放迈出更大步伐，具有里程碑式的意义，有效推进了多边主义和自由贸易的发展，为区域合作发展提供了基础。RCEP 的签署和实施，能够为中国经济复苏和经济高质量发展，以及推进构建新发展格局提供良好的战略机遇和发展空间。因此，研究 RCEP 框架下中国出口贸易高质量发展具有一定的现实价值和研究意义。

4.1 出口高质量的内涵及相关理论概述

4.1.1 内涵界定

4.1.1.1 出口质量的内涵界定

相关研究对于"质量"和"出口质量"并没有进行特别的区分，对其本质的研究差别并不太明显。出口质量在早期的研究中特指出口产品的质量，出口产品的质量也是研究出口质量的核心和本质。出口产品质量概念的起源还要追溯到 1995 年克鲁格曼在"新贸易理论"中提及的"同质性企业"假设，随后克鲁格曼在新贸易理论框架中引入企业生产效率的差异化。随后学者们开始把目光聚焦到企业产品质量的差异化上。产品的差异化包括水平和垂直两个方向，出口产品质量指产品的垂直差异，这种差异类似李嘉图的比较优势，即在相同的价格水平下，消费者自然而然地会选择质量较高的产品。国际标准化组织在《质量管理和质量保证》（ISO8402 -1994）中也对产品质量进行了明确定义：产品质量是指实体满足消费者需要的特性的总和，狭义的产品质量只包括有形商品，广义的产品质量还包括了无形商品。由此可见，产品质量反映的是产品效用和价格之间的均衡关系。这一定义本质上反映了无论是简单的还是复杂的产品，都是为满足目标消费者的使用需求而制造的，而根据消费者的使用需要和用户体验，产品质量大致可以由性能、耐用性、可靠性、维修性、安全性、适应性以及经济性等方面的特性来描述。

新新贸易理论的发展促使人们从异质性角度分析出口质量，也即出口质量可以是产品层面、行业层面和国家（地区）层面的概念，出口质量成为衡量一个经济部门出口水平的重要指标之一，该指标侧重于进行跨国（地区）比较。通过对已有研究成果进行梳理，按照研究对象的不同，出口质量包括产品出口质量、产业出口质量、国家（地区）出口质量和企业出口质量等层面的研究。

4.1.1.2 出口高质量的内涵界定

我国经济发展进入了新时代，推动经济高质量发展是我国"十四五"

时期的重要任务。高质量发展是中国新的发展阶段和战略目标，以"创新、协调、绿色、开放、共享"的新发展理念为指导思想，其中"开放"体现了推动贸易高质量发展的重要性。因此，基于经济高质量发展的大背景，贸易高质量发展也成为国内相关研究的关注重点。随着全球化的推进、出口规模的扩大、全球价值链的扩张等，出口质量涵盖的内容更加广泛。周文慧等（2023）以出口技术复杂度衡量中国出口高质量水平，研究发现中国自由贸易试验区的设立能够显著提升中国出口技术复杂度，促进出口高质量发展。陈昌盛等（2022）构建了涵盖显性比较优势指数、出口技术复杂度、出口相似度以及需求角度的出口产品质量等出口竞争力综合指标体系，全面衡量了中国2012年以来的出口竞争力水平。张亚斌等（2021）将"一带一路"国家数字服务部门的出口进行分解，得到各国的出口增加值，以此衡量各国参与数字贸易的水平。由此可以看出，出口高质量在出口产品质量提升的基础上，从出口竞争力、出口技术含量、全球价值链分工地位等多角度全面衡量出口的发展水平。

4.1.2 相关理论概述

4.1.2.1 新贸易理论与新新贸易理论

1. 新贸易理论

进入20世纪80年代后，国际贸易出现了新动向，发达国家间的贸易量大幅增加，产业内贸易迅猛发展，跨国公司在全球许多行业形成垄断，面对国际贸易的新发展形式，传统的国际贸易理论已无法给予解释。以保罗·克鲁格曼（Paul R. Krugman）为代表的学者们将规模经济和不完全竞争纳入传统贸易理论分析框架，以研究产业内贸易，并逐渐在产业内贸易发生的原因、贸易模式、贸易利得等国际贸易理论领域形成了不同于传统比较优势理论的观点。学者们认为贸易的竞争力除来源于先天要素禀赋及要素投入比例外，还可以通过后天的学习逐渐获得。

新贸易理论由Krugman（1980）开创，并由Helpman和Krugman（1985）推广。该理论最突出的特征是不同于以往传统贸易理论的规模报酬不变的假设，而是将规模报酬递增的生产技术纳入理论范围之中，这支撑了不完全竞争下国际贸易的分析框架。新贸易理论为具有相似技术和资源禀赋的国家之间普遍存在的产业内贸易现象提供了合理的解释。

Krugman（1980）的基本模型是一个存在规模经济的生产模型，这个模型源自 Avinash Dixit 和 Joseph Stiglitz（1977）的研究。Dixit 和 Stiglitz（1977）建立了一个基于垄断竞争市场结构下的一般分析模型（D-S 模型），该模型为内部规模经济和不完全竞争提供了一个简洁的分析框架，以及提供了一个基于不完全竞争和报酬递增的分析工具。Krugman（1980）首先将 D-S 模型应用于国际贸易理论的研究之中：基于所有消费者具有相同对称的效用函数的假设前提，假定要素投入只有劳动一项，产品的产量即消费量，且经济处于充分就业状态。若根据传统贸易理论，在 Krugman（1980）的模型中，上述经济体不可能实现国际贸易，但是在 D-S 模型的分析框架下，上述经济体却可以实现国际贸易并获取利润，这为当时迅速发展的产业内贸易提供了强有力的解释。由此可以看出，贸易的竞争力不仅来自资源禀赋、地理位置等外生优势，还受内生规模经济和不完全竞争的影响（Krugman，1981）。

Krugman 根据以往研究成果得出三个结论：第一，世界贸易大部分是在具有类似要素禀赋的国家之间进行的；第二，相似国家之间的贸易在很大程度上是产业内贸易，即相似产品的双向贸易；第三，产业内贸易的增长并没有造成严重的收入分配问题。此时，新贸易理论的基本思想已见雏形。随后，Helpman 和 Krugman（1985）在《市场结构和对外贸易：报酬递增、不完全竞争和国际经济》一书中系统地构建了国际贸易新分析框架，将贸易成本、不完全竞争市场结构与报酬递增纳入模型中，形成了"新贸易理论"，重点解释了产业间贸易产生的原因。不同国家之间即使资源禀赋比较相似，也可以通过集聚效应产生的规模经济开展贸易。

2. 新新贸易理论

随着国际贸易的不断发展和学术研究的深入，人们发现在同一个行业中不同企业间存在巨大且持久的生产率差异，并且这些生产率差异与企业的出口行为密切相关，即生产率相对较高的企业出口的可能性要大得多。出口企业与非出口企业间的生产率存在显著性差异，对于这一现象的解释就逐渐形成了"新新贸易理论"，其中梅里兹（Melitz）是新新贸易理论的代表人物。

Melitz（2003）建立了一个扩展的 Krugman（1980）贸易模型来解释上述现实情况，该模型就是在 Krugman（1980）模型基础上纳入了企业的生产率水平，形成了一个包含异质性企业的动态产业模型，以分析更加微观层面的国际贸易产业内效应。Melitz（2003）模型假设替代弹性不变，暗示了厂商生产率与产品质量具有相似点。

随后新新贸易理论将企业异质性与产品质量相结合，提出了"质量扩展型异质性企业模型"。新新贸易理论产生以来，国家、地区、行业、企业和产品层面的出口质量的异质性就受到学术界的广泛关注。后续研究将标准异质性企业模型（HFT）扩展到了质量异质性企业模型（QHFT），将产品质量差异引入贸易企业的行为决策模型，推动了国际贸易理论的发展，为很多贸易现象提供了新解释，如贸易模式（包括贸易流量和贸易流向）、贸易的福利效应以及贸易对经济增长的贡献等，因此该理论在国际贸易理论的最新进展中占据了重要位置。

综上所述，基于比较优势和要素禀赋论的传统贸易理论解释了产业间贸易存在的原因，但难以解释现实中存在的产业内贸易。随着对产业内贸易形成的原因进行揭露，有关研究领域形成了以 Krugman 为代表的新贸易理论和以 Melitz 为代表的新新贸易理论。具有相同要素禀赋的不同国家间也会开展国际贸易，这一现象被称为产业内贸易。新贸易理论从规模经济的角度对该现象进行解释，新新贸易理论在此基础上从企业生产率差异角度进行解释。新新贸易理论揭示了不同企业主要是基于其自身生产率水平来决定出口行为的。随着这一理论的发展，学者们对于国际贸易的解释逐渐由外入内，更加深层次地揭示出企业选择出口行为的内生因素，并且当贸易理论把研究视角聚焦到企业层面时，出口质量也开始作为一种约束企业商品生产供给的重要因素进入研究领域。

4.1.2.2 南北贸易模型及其扩展

Flam 和 Helpman（1987）从收入、产品质量的角度解释了产业内贸易，并提出了新贸易理论，以此解释相较于差异较大的国家，经济发展水平和收入水平都较高的国家间贸易往来更加密切这一现象。因此，关于贸易的研究从产品同质化逐渐发展到产品差异化，Flam 和 Helpman（1987）更强调的是新旧同类型产品在质量上的垂直差异。

Flam 和 Helpman（1987）构建了一个南北贸易模型，将"质量"纳入个人的效用函数之中。在该模型中，产品质量是生产函数和效用函数中的价格调整项，推动了南北之间差异化产品的贸易（北方代表更富裕，南方相较更贫穷）。通过该模型可以解释高质量的商品是从富裕国家出口的。他们还预测了一个以质量为基础的产品周期，北方能够生产出品类繁多且质量较高的产品，而放弃生产质量较低的产品，故由南方生产质量较低的产品。通过 Flam 和 Helpman（1987）构建的南北贸易模型，可以看出国际贸易的结构是由技术、收入和收入分配的跨国差异决定的。

Flam 和 Helpman（1987）的南北贸易模型是基于垂直产品的差异化构建的，垂直产品的差异主要取决于产品质量的差异。南北贸易模型的主要观点就是，由于南北国家在技术水平、居民收入和收入分配方面存在差异，经济发展水平较高的北方在生产新的、质量较高的产品时，会将旧的、质量较低的产品转移到经济发展水平较低的南方进行生产。南北贸易模式的结果就是：经济发展水平较高的北方国家生产和出口高质量的产品，而经济发展水平较低的南方国家生产和出口低质量的产品。

进一步分析来看，南北贸易模型的四个重要假设就涉及了经济发展水平与产品质量水平的关系：经济发展水平越高的地区，其所生产和消费的产品的质量越高；也同样意味着，经济发展水平越高的地区，其居民越倾向于消费越高质量的产品。南北贸易模型的四个重要假设分别是：①较富裕的国家具有生产更高质量产品的比较优势；②较富裕的国家出口的产品质量高于较贫穷的国家出口的产品质量；③生产较高质量产品的国家会出口更多产品到较富裕国家；④出口企业生产的产品质量高于非出口企业生产的产品质量。

Grossman 和 Helpman（1991）进一步构建了产品周期模型，该模型是基于弗农的产品生命周期理论构建的。产品生命周期理论认为，北方研发能力较强、收入水平较高，有利于创新，因此新产品的发明和初始制造发生在北方。一段时间后，生产方法会变得更加标准化，南方通过技术转让或模仿，学习到这种新产品的生产技术，于是大部分生产开始转移到南方。Krugman 首次尝试对这一现象进行正式建模，他假设了一个外生速率 g 为北方国家引进新产品的速率，以及技术转移到北方国家的速率为 u。但 Grossman 和 Helpman（1991）认为这两个速率是内生的，因此在设定的模型中将周期的平均长度和新产品引入市场的速度都作为内生变量。Grossman 和 Helpman（1991）的定义与 Flam 和 Helpman（1987）的基本一致，但 Grossman 和 Helpman（1991）更加侧重同一种产品的生产由北方向南方转移的内生因素，揭示了产品质量创新者和模仿者之间的动态关系。

在 Flam 和 Helpman（1987）、Grossman 和 Helpman（1991）构建了南北贸易模型的基础上，Copeland 和 Kotwal（1996）对模型进行了扩展，建立了南北贸易扩展模型，研究了当较富裕的国家和较贫穷的国家的收入不同时，它们之间可能不存在贸易的条件。

综上所述，不同学者关于质量界定的比较如表4.1所示。

表4.1 不同学者关于质量界定的比较

学者	质量界定
Flam 和 Helpman（1987）	质量是产品纵向差异的根源，北方出口质量较高，南方出口质量较低
Grossman 和 Helpman（1991）	与 Flam 和 Helpman（1987）的定义类似，特别关注质量创新者和模仿者之间的动态关系（质量阶梯）
Copeland 和 Kotwal（1996）	与 Flam 和 Helpman（1987）的质量定义相似，但允许不同国家的劳动力要求不同

4.1.2.3 贸易竞争力相关理论

竞争优势理论最早是由美国经济学家迈克尔·波特（Porter）提出的，Porter（1990）认为一国的贸易优势不是简单地仅由该国的自然资源、劳动力、利率、汇率等基础要素决定的，而是在很大程度上取决于社会体制、技术创新、产业发展后劲等更高级的要素，竞争优势理论认为是否具有强大的竞争优势对于企业、区域甚至国家在国际市场上是否获利起到关键性作用。因此，各国尤其是发展中国家不能仅仅局限于传统比较优势理论，而要结合竞争优势理论，不断推动产业结构升级、技术进步和制度创新，以培育具有竞争优势的产品，从而全面提高本国产业的国际竞争力，以及更多地分享国际贸易利益。

波特的竞争优势理论认为竞争优势是国际贸易不断发展的动态反映，其著名的钻石模型理论强调一国特定产业的国际竞争力与生产要素（人力资源、自然资源、知识资源、资本资源、基础设施等）、需求条件、相关产业与支持性产业状况、企业因素（企业战略、企业结构、同业竞争）、机会、政府这六个因素有关。其中，前四个因素为主要因素，后两个因素为辅助因素，这六个因素相互作用构成了一个完整的体系。钻石模型为分析影响产品出口竞争力的因素及其他与出口竞争力相关的研究奠定了理论基础。

随着国际分工的不断细化和跨国公司的不断增多，影响产业国际竞争力的因素不断增加，许多学者对钻石模型进行了补充和拓展。Dunning（1992）的国际化钻石模型认为，跨国公司经营活动的不断增多，会影响钻石模型中各因素间的互动，应将"跨国公司经营活动"作为与机会、政府并列的第三个辅助因素加入钻石模型中，以缓解市场全球化对产业竞争力的影响。Rugman 和 Joesph（1993）的双钻石模型认为钻石模型只适用于欧盟、美国、日本这类大规模经济体，对经济规模较小但开放程度高的国家不适用，如加拿大，为使模型更好地解释加拿大国家产业竞争力的影响因素，需要将加拿大与美国的钻石模型联系起来，即双钻石模型。Moon 等（1998）提出的一般化双钻石模型认为钻石模型并不能解释韩国、新加坡等小规模经济体的贸易竞争力，因为对这些小规模经济体而言，国家的竞争力来源于国内、国际两个钻石体系。因此，为适应所有小规模经济体的国家竞争力分析，Moon 等（1998）对双钻石模型进行了修改，提出一般化双钻石模型。

4.1.2.4 国际分工理论

随着信息技术的高速发展，每个国家都成为全球市场中不可分割的一部分，产品的全球化贸易为国际分工理论的诞生奠定了基础。国际分工理论为全球价值链的演进提供了合理的解释，国际分工理论与各国发展实践的科学融合在一定程度上影响了该国产业经济发展的综合实力和全球竞争力。随着制造业生产过程的日益复杂，全球价值链的分工也变得精细化和多元化，国际分工理论也随之演进与发展。当前国际分工理论主要包括产业间、产业内和产品内分工理论。

产业间分工理论中具有代表性的理论主要包括绝对优势理论、比较优势理论和要素禀赋理论。绝对优势理论认为，促使不同国家开展国际贸易及分工活动的动因在于不同国家之间存在绝对成本差异，但是这一理论无法解释当一国的全部商品都处于劣势时该如何参与国际贸易。于是李嘉图提出了比较优势理论，该理论指出，在自由贸易的前提下，即使一国的所有商品都面临成本劣势的局面，也可以通过劣势相对较小的商品进入国际贸易市场，从而获得贸易分工收益。要素禀赋理论探讨了国际分工产生的其他因素，认为决定国际分工的主要因素在于要素禀赋差异，即在不考虑运输费用的前提下，各国会倾向于出口大量使用本国密集要素的产品，进口国内稀缺要素生产的产品。即各国会按照本国具有的生产要素资源进行分工，从而在国际贸易市场中获取收益。

与产业间的贸易理论不同，产业内的贸易是指同一产业类别内部的相互贸易。产业内的分工随着产业内贸易的出现而出现。受到第三次科技革命的影响，同一部门生产的不同产品开始朝多元化和差异化的方向发展，导致同一产业部门的差异日益扩大。产业内分工可以分为垂直分工和水平分工两种。垂直分工认为倘若市场中只有两个企业，它们分别生产有质量差异的同类产品，只要它们处于不同的国家就会出现垂直性产业内贸易和分工。水平分工认为随着生产规模的扩大，产品价格降低，产品种类增加，即使是生产同质产品的寡头，也会因为企业策略的不同，出现产业内贸易。

国际贸易分工深化使得原来的产品间贸易逐渐转向以零部件和中间品等为主导的产品内贸易，进而出现了同一产品在不同生产阶段具有不同生产特征的分工模式。产品内分工是指产品的不同环节、不同工序在不同国家生产所形成的空间分布现象，这种产业分工模式是对产业间和产业内分工模式的一种延伸，也是对传统理论的继承和发展。

4.2　出口高质量测度指标和方法

从 Helpman 的南北贸易模型开始，学者们力图解释相似发展水平国家间的贸易水平高于发展水平差异较大国家间的贸易水平这一现实问题，而出口质量被认为是核心考虑要素。由于"质量"是一个非显性的概念，因此关于出口质量的定量衡量指标也逐渐成为研究的重点，包括出口产品单位价格、需求角度的出口质量、出口技术复杂度和出口增加值等测度指标，涵盖了从单一商品到行业，再到国家各层面的度量指标。

4.2.1　出口产品单位价格

基于要素禀赋理论（H-O 理论）可知，国家间的贸易会受不同要素禀赋的影响，具有资本资源优势的国家会进口更多劳动密集型产品，具有劳动力资源优势的国家则会进口更多资本密集型产品，因此国家间的贸易是由资源禀赋的比较优势决定的。然而实际上，发达国家间同样会进行劳动密集型产品的贸易，发展中国家间也会进行资本密集型产品的贸易，甚至相较于差异较大的国家间，相似国家间的贸易额要更多。为了解释这一现象，Murphy 等（1997）构建了一个李嘉图贸易模型。研究表明，资源禀赋不是各国开展国际贸易考虑的单一要素，还会受到产品质量的影响。该模型还表明，经济发展较为相似的国家间更容易产生贸易。这一结论也在

Fan（2005）的研究中得到验证，当各国人均人力资本相似时，人均质量消费会增加，收入同样高的国家间更可能进行高质量产品的贸易。

由此学术界开始关注出口产品质量这一问题，特别是对于出口产品质量的衡量和测度。早期大多数研究采用产品单位价格作为衡量出口质量的指标（Nielsen et al., 2002；Fukao et al., 2003；Schott, 2004），即用出口贸易总额除以贸易总量得到出口产品单位价值，相当于平均出口价格。这一测度方法是基于产品质量影响了单位产品价格这一假设进行的。虽然这种方法能够较为巧妙地避免衡量"质量"的非显性和复杂性，将产品质量测度简化，便于比较分析，但是也存在一些问题：其一，假设存在不合理性，产品单位价格会受到许多其他因素的影响，如需求、汇率、偏好、定价策略等，而仅用其来反映产品质量比较片面；其二，在实证分析中，模型设定难以避免内生性问题，以及可能会造成混杂问题（Liao, 2011）。根据以上假设，模型设定如下：

$$\ln y_{ij} = \alpha - \beta \ln p_i + \gamma \ln q_i + \sigma \ln I_j + \delta Z_j + \varepsilon_{ij} \qquad (4.1)$$

其中，y_{ij} 表示国家 i 向国家 j 出口产品的质量，p_i 和 q_i 分别表示国家 i 生产产品的价格和质量，I_j 表示国家 j 的消费者收入，Z_j 表示其他控制变量，ε_{ij} 为误差项。

另外，假定一个简单的价格质量函数：

$$\ln p_i = \ln q_i + \epsilon_i \qquad (4.2)$$

将其代入原模型中，得到：

$$\ln y_{ij} = \alpha + (\gamma - \beta) \ln p_i + \sigma \ln I_j + \delta Z_j + \varepsilon_{ij} - \gamma \epsilon_i \qquad (4.3)$$

通过对式（4.3）进行实证分析，可以发现：第一，$(\gamma - \beta)$ 混杂了质量效应和需求的价格弹性，因此存在混杂问题；第二，模型设定存在内生性问题，由于误差项为 $(\varepsilon_{ij} - \gamma \epsilon_i)$，而 p_i 与 ϵ_i 相关，因此解释变量和误差项存在相关性，解释变量和随机扰动项存在相关性会导致参数估计有偏。

因此，采用产品单位价格来衡量出口产品质量的这种方法，在理论和实证分析上均存在缺陷，也被一些学者批评（Khandelwal, 2010；Liao, 2011）。产品单位价格能在一定程度上反映出口质量，但又不能完全等同。因此，若能剔除产品单位价格中其他因素的干扰，就能在一定程度上弥补该指标的片面性。基于此，Hallak 和 Schott（2011）借鉴指数理论构建出一种新的出口质量指标，将出口产品的价格分解为质量与质量调整价格两部分，并运用价格指数将不纯价格分解为质量和纯价格指数，从而得到剔除纯价格指数后的出口质量指标。该指标利用时间趋势方法固定了各国对基准国家出口质量的变动，控制了出口质量的内生性问题，但忽视了国家间的异质性，可能不适用于对发展中国家的出口质量进行衡量。

4.2.2 需求角度的出口质量

与前期经常使用价格或单位价格（价值除以数量）作为质量代表的文献形成对比，Khandelwal 等（2010）从出口价格和市场份额信息中估计产品的质量。使用单位价格衡量的明显优点在于，它们很容易在贸易数据中被计算出来。但是，当产品同时具有垂直（如舒适性）和水平（如风格）属性时，单位价格可能并不能完全代表质量水平。以 2005 年印度和委内瑞拉出口到美国的女裤为例，印度和委内瑞拉出口美国的女裤单位价格分别为 140 美元和 163 美元。按照上述产品单位价格代表出口质量来看，应该是委内瑞拉的女裤质量更高。但据调查，委内瑞拉出口价格相对较高的主要原因在于其人均收入水平较高。并且结合两国出口美国的市场份额来看，印度出口量更大，而且印度的女裤质量实际更高。因此能够被简单测算的产品单位价格在现实中很难完全作为衡量出口产品质量的指标，还需结合出口市场份额来看。

Khandelwal 等（2010）主要基于 Berry（1994）的嵌套 Logit 需求框架估计产品的出口质量，在国家—产品层面通过构造嵌套 Logit 需求模型和设定有效工具变量，测度国家层面出口产品质量的"梯度"。在这个研究框架中，质量用一国国内消费者对进口产品的平均估值来衡量，受市场份额和价格的影响；采用需求信息回归推断法来测算出口产品质量，并在模型中纳入除价格以外的大多数需求属性。首先，基于消费者对质量的偏好，根据代表性消费者的消费函数推导出消费者的需求函数；其次，对需求函数取对数得到每种产品的质量升级参数，利用替代弹性系数、产品的出口价格和数量等数据对其进行回归估计得到出口产品质量的估计值并进行标准化处理：

$$\ln(s_{cht}) - \ln(s_{0t}) = \lambda_{1,\,ch} + \lambda_{2,\,t} - \alpha\, p_{cht} + \delta\ln(n\, s_{cht}) + \gamma\ln pop_{ct} + \lambda_{3,\,cht}$$

$$(4.4)$$

其中，n 表示消费者，c 表示国家，h 表示消费者 n 偏好从国家 c 进口的产品 h，t 表示时间。λ 表示消费者对产品的通用估值。$\lambda_{1,\,ch}$ 是消费者对产品 h 的时不变估值，$\lambda_{2,\,t}$ 控制着所有品种共同的长期趋势。$\lambda_{3,\,cht}$ 是消费者观察到的固定效应的变化时间偏差；即 $\lambda_{1,ch}$ 是具有品种固定效应的时不变质量分量，$\lambda_{2,t}$ 是具有年度固定效应的公共质量分量，而 $\lambda_{3,cht}$ 是未被观察到的误差，如估计误差等。p_{cht} 为某一品种产品的单位价格（涵盖运输和关税成本），α 为其估计参数。pop_{ct} 表示国家 c 在 t 期的人口规模，γ 是其估计参数。s_{0t} 表示外部产品的市场份额，s_{cht} 为进口某一品种产品的市场份额，其计算公式为

$$s_{cht} = \frac{q_{cht}}{\mathrm{MKT}_t} \tag{4.5}$$

其中，$\mathrm{MKT}_t = \dfrac{\sum\limits_{ch \neq 0} q_{cht}}{1 - s_{0t}}$。$\mathrm{MKT}_t$ 表示行业规模，q_{cht} 表示国家 c 进口产品 h 的进口额。

通过对上式模型进行估计，得到估计参数和残差后，可将 t 期产品 ch 的质量 λ_{cht} 定义为

$$\lambda_{cht} \equiv \hat{\lambda}_{1,ch} + \hat{\lambda}_{2,t} + \hat{\lambda}_{3,cht} \tag{4.6}$$

由上述模型推导可以看出，这种方法依赖于实证估计时所选择的工具变量，因此辨别出口质量和需求之间的关系显得尤为重要。

4.2.3 出口技术复杂度

Khandelwal 等（2010）认为出口更能体现一个国家生产产品的质量，通过其出口情况可以判断产品质量乃至创新水平。由于出口部门具有更高的生产力，会雇佣更高技能的工人，更有可能获得国际组织标准认证等，因此通过出口产品质量判断国家生产水平及创新能力更为合理。随着出口生产技术的发展，出口产品的技术含量成为衡量出口质量的有效指标之一，其中采用较多的是出口技术复杂度指标（盛斌 等，2017；朱智洺，2023；周文惠，2023）。出口技术复杂度被认为是体现出口贸易转型升级的重要指标，决定了贸易竞争力水平（孟夏 等，2022），能够很好地反映出口产品质量。

出口技术复杂度的测算方法主要源自 Hausman（2007）的研究。Hausman（2007）对出口技术复杂度的测算思路如下：

首先，构造某一产品的出口技术复杂度 PRODY 指标，该指标是某一国家出口某种产品后人均国内生产总值的加权平均数，代表了产品层面的

收入水平，测度公式为

$$\text{PRODY}_k = \sum_j \frac{(x_{jk}/X_j)}{\sum_j (x_{jk}/X_j)} Y_j \tag{4.7}$$

其中，PRODY_k 表示产品 k 的出口技术复杂度，x_{jk} 表示国家 j 出口 k 产品的出口额，X_j 表示国家 j 的总出口，x_{jk}/X_j 为权重的分子，即 k 产品在国家 j 的出口份额，$\sum_j (x_{jk}/X_j)$ 为权重的分母，计算了所有出口 k 商品的国家的出口份额，Y_j 为国家 j 的人均 GDP。由此可以看出，该指标测算了人均国内生产总值的加权平均数，权重为各国在该产品出口方面的比较优势。

其次，构建 EXPY 指标，测算了国家层面的出口技术复杂度：

$$\text{EXPY}_j = \sum_{k=1}^{m} \left(\frac{x_{jk}}{X_j}\right) \text{PRODY}_k \tag{4.8}$$

其中，EXPY_j 表示国家 j 的出口技术复杂度，PRODY_k 表示产品 k 的出口技术复杂度，x_{jk}/X_j 为权重，表示国家 j 出口 k 的出口份额，m 为该国所有贸易产品种类数。由此可以看出，一个国家在高出口技术复杂度产品上的出口份额越高，该国相较其他国家，其出口技术复杂度也会越高。

基于此，后续研究中学者也将该指标进行调整，扩展至行业层面的出口复杂度测算：

$$\text{ESI}_{ji} = \sum_{k=1}^{m} \left(\frac{x_{jik}}{X_{ji}}\right) \text{PRODY}_k \tag{4.9}$$

其中，x_{jik}/X_{ji} 表示国家 j 行业 i 产品 k 出口占国家 j 行业 i 总出口的比重。

此外，学者盛斌（2017）将上述的出口产品单位价格与 Hausman（2007）的出口技术复杂度指标相结合，建立了经产品单位价格调整的出口技术复杂度指标。首先，构建以出口产品单位价格测度的出口产品质量指标：

$$q_{jk} = p_{jk}/ \sum_n (\mu_{nk} \times p_{nk}) \tag{4.10}$$

其中，q_{jk} 表示国家 j 出口产品 k 的质量，p_{jk} 表示国家 j 出口产品 k 的价格，μ_{nk} 为国家 n 出口产品 k 的出口份额，p_{nk} 表示国家 n 出口产品 k 的价格。因此，q_{jk} 衡量了国家 j 出口产品 k 的相对价格，若该指数越大，则表明该产品的质量越高。

其次，利用相对价格指数对产品出口技术复杂度进行调整，得到经质量调整的产品出口技术复杂度 PRODY_k^{adj}：

$$\mathrm{PRODY}_k^{adj} = (q_{jk})^{\lambda} \times \mathrm{PRODY}_k \qquad (4.11)$$

随后得到经质量调整的行业层面的出口技术复杂度：

$$\mathrm{ESI}_{ji}^{adj} = \sum_{k=1}^{m} \left(\frac{x_{jik}}{X_{ji}} \right) \times \mathrm{PRODY}_k^{adj} \qquad (4.12)$$

由此可以看出，Hausman（2007）及后续学者在此基础上不断进行扩展，通过制定一个衡量各国"出口篮子"的质量指数来解释相似国家间贸易的方法，相比之前的测度方法更加细致合理，具有一定借鉴意义。

通过出口技术复杂度测算方法可以看出，一个国家对某产品的出口份额占全球该产品出口份额的比重越高，该产品的出口技术复杂度越高，即国家出口该产品的质量越高。但也需要注意的是，在衡量出口技术复杂度的公式中还有一个至关重要的变量——人均GDP，表明出口技术复杂度很容易受到一国人均GDP的影响，即很容易得出越富裕国家出口技术复杂度越高的结论，然而这一结论难以解释现实复杂的出口情况，特别是发展中国家的贸易现实。

4.2.4 出口增加值

随着国际分工和全球价值链日益复杂，传统贸易测度方法难以衡量一个国家参与国际贸易的真实收益。传统贸易测度方法存在重复计算的问题：一是由于其计算每个过境点的货物总值，而不是计算过境点之间的净增加值；二是中间品贸易的存在，如A国的中间品在B国加工，再出口至C国，那么在B国出口总额中就重复计算了A国的部分，导致B国出口实际价值被高估。因此，传统贸易测度方法会夸大出口的国内所得。就出口而言，在全球价值链生产方式下，每个国家的产品出口收益仅仅包括在大量进口中间品基础上的增值部分，而不是以往计算得到的全部价值。因此，出口规模的快速扩张和产品技术水平的提升也不能代表本国真正的经济实力，很可能是全球价值链下的一种"虚幻"现象（张宇璇，2022）。各国出口贸易质量受到其在全球产业链中所处地位的制约（胡赛，2018；杨逢珉 等，2019）。在传统贸易测试下，产品单位价格、需求层面的产品质量和出口技术复杂度等指标的有效性也被削弱。

Johnson等（2012）提出了关于增加值出口的概念和测度方法，并且基于全球投入产出表，对增加值出口进行了大致计算和分析。其中，全球投入产出表具体梳理了国家间中间产品和最终产品的流动情况。通过该表，我们可以清晰地分解国家的总出口，并计算出被最终需求吸收的出口额。

Koopman（2014）按照 Robert 等（2012）的研究思路，基于里昂惕夫原理，建立了一个更为具体的计算框架，将一个国家的出口总额分解为多个组成部分，包括被国外吸收的增加值、返回国内的增加值、国外增加值和重复计算部分，并进一步将此细分为九个部分。但该指标只能分解得到一个国家的总出口，难以反映不同出口产品在进行各种增加值和重复计算分解时的异质性（王直，2015）。王直（2015）在此基础上提出了对多个层面，包括国家/部门层面、双边层面、双边/部门层面的总贸易流量的分解方法，建立了从官方贸易总额统计到贸易增加值统计的一套完整核算办法，并在后续研究中被广泛借鉴与应用（耿伟，2022；赵静媛 等，2022）。

王直（2015）在 Koopman（2014）划分的基础上将出口总额进一步细分至 16 部分，如表 4.2 所示，其中被国外吸收的国内增加值部分（DVA）被认为是能够衡量一国出口实际所得的关键指标。国内增加值部分（DVA）具体包括：第一，以最终品形式出口并被进口国消费吸收的本国增加值（DVA_ FIN）；第二，以中间品形式出口，被进口国用来生产其国内最终需求，并被该进口国最终消费吸收的本国增加值（DVA_ INT）；第三，以中间品形式出口，被进口国出口至第三国并被第三国最终消费吸收的本国增加值（DVA_ INTREX）。出口中的国内增加值除了被国外吸收的部分（DVA），还包括以最终消费返回国内的部分（RDV）。出口中的剩余包括不断以中间品形式被其他国家吸收的国外增加值部分（FVA），以及账户中的纯重复计算部分。

此外，需要注意区分增加值出口和出口增加值，二者含义与测算方法不同。增加值出口（DVA）= DVA_ FIN + DVA_ INT + DVA_ INTREX，仅表示被国外吸收的国内增加值；而出口增加值（DVA+RDV）= DVA_ FIN+DVA_ INT+DVA_ INTREX+RDV，其涵义更为宽泛，还包括返回国内的部分。

表 4.2 总贸易核算法的基本概念框架

总出口	出口分解类别	具体细分项
国内增加值部分 （DVA+RDV）	被国外吸收的 国内增加值（DVA）	最终出口的国内增加值（1）
		被直接进口国吸收的中间出口（2）
		被直接进口国生产并向第三国出口 所吸收的中间出口（3~5）
	返回并被本国吸收的 国内增加值（RDV）	—
垂直专业化 （VS）	国外增加值（FVA）	出口隐含的进口国增加值（11~12）
		出口隐含的第三国增加值（14~15）
	纯重复计算部分	来自国内账户的 纯重复计算部分（9~10）
		来自国外账户的 纯重复计算部分（13）+（16）

　　综上所述，相较于出口产品单位价格和需求角度的出口质量指标，出口技术复杂度和出口增加值是目前学术界关于出口质量的测度应用较为广泛的两个指标。出口产品单位价格是体现质量的最直观指标，然而由于影响价格变动的因素非常多，因此该指标具有一定片面性。随后学者们一方面开始尝试对价格进行分解，剔除非质量决定部分；另一方面也在寻找更多影响质量的其他指标，比如从需求角度，将消费者的偏好、效用纳入模型。但出口质量背后还涵盖国家生产水平、竞争力等含义，因此也有学者从竞争力的角度去衡量出口质量，形成了出口技术复杂度等指标。随着全球价值链的不断深化，基于传统贸易额统计的出口技术复杂度存在重复计算的问题，而出口增加值能够更加清晰地表示一个国家通过出口产生的实际利得，从而衡量国家的出口水平和地位。由此可以看出，出口质量这一概念从出口规模、价格、需求的角度扩展至出口竞争力、出口地位等角度，使得出口质量涵盖内容更加广泛全面。

5 RCEP 关税减让与中国出口贸易 高质量发展

改革开放以来，中国对外贸易飞速发展，取得了举世瞩目的成就。在改革开放初期，中国的贸易总额仅有 355 亿元，1984 年超过 1 000 亿元。在 2001 年加入世界贸易组织（WTO）之后，中国的对外贸易规模更是呈现飞跃式发展，由 2001 年的 42 184 亿元上升至 2007 年的 166 864 亿元，年均增长率高达 26%。受 2008 年国际金融危机的冲击，中国贸易总额在 2009 年出现滑落，降为 150 648 亿元，但是在短期内迅速回升，到 2011 年达到 236 402 亿元，随后对外贸易发展趋于平稳，增速放缓，2022 年中国进出口贸易总额突破 42 万亿元。改革开放以来，中国在对外贸易方面取得的瞩目成就与一直以来推行的以削减关税和非关税壁垒为主要内容的贸易自由化改革紧密相关。中国通过不断降低关税和非关税壁垒等措施提升贸易自由度，促使中国企业逐步融入全球价值链生产网络中。尤其是在 2001 年加入 WTO 以后，中国不断深化贸易自由化改革，进口关税平均税率已由 2000 年的 15%下降至 2022 年的 7.4%，贸易自由化水平进一步提升。

2016 年以来，全球范围内的民粹主义和贸易保护主义有逐渐抬头的趋势，世界经济动荡加剧，新一轮"逆全球化"浪潮来袭。2017 年，特朗普政府不顾中方劝阻，下令依据美国贸易法"301 条款"对中国是否侵犯美国知识产权展开调查，打响了中美贸易摩擦的第一枪，随后愈演愈烈，逐渐升级为一场持久战。将全球经济拖入衰退深渊的中美贸易摩擦还未完全落幕，一场对世界影响更深远的危机正在悄然发生。2020 年疫情暴发，而后迅速席卷全球，世界主要经济体都受到不同程度的影响。各经济体通过提高关税以及加强贸易壁垒等措施，将需求引导向国内的生产企业，对全球供应链和生产网络产生了长期影响。后疫情时代世界各国面临经济恢复分化与全球流动受阻的问题，多极格局在大国博弈中日渐显现，百年未有之大变局使全球化面临前所未有的挑战。与此同时，在东盟等国家的积极推动下，东亚区域经济一体化取得积极进展。2020 年 11 月 5 日，RCEP 正式签署，文莱、柬埔寨、老挝、新加坡、泰国和越南 6 个东盟成员国和中国、日本、新西兰、澳大利亚 4 个非东盟成员国已正式提交核准书，RCEP 达到协定生效门槛，于 2022 年 1 月 1 日对上述国家正式生效。在当前贸易保护主义抬头的背景下，中日韩等国积极促成 RCEP 的签署，这对推动经济一体化、维护多边贸易体制具有重要意义，将会给后疫情时代衰退的全球经济注入新的活力。

RCEP 的签订是新时代中国全面开放战略的重要组成部分，对引领和推动全球经济贸易格局的重建具有重要意义，尤其是 RCEP 的关税减让举措将使区域内 90% 以上的货物贸易逐步实现零关税，这无疑会扩大成员国的贸易规模。此外，RCEP 的全面生效将会极大促进区域内原材料、产品、技术、人才、资本、信息和数据等生产要素的自由流动，推动形成更加繁荣的区域一体化大市场。RCEP 成员国的企业可以根据不同国家的资源禀赋在区域范围内进行资源的整合和配置，从而实现成本的优化和效率的提高，同时实现以高水平开放促进高质量发展，以高质量发展带动高水平开放。

5.1 理论基础

近年来，区域贸易协定数量不断增加，学术界对区域贸易协定中关税减让的贸易效应展开了广泛讨论。高越和魏俊华（2023）将 KWW 增加值分解框架与标准 GTAP 模型进行衔接，探讨了 RCEP 关税减让对成员国制造业参与全球价值链所带来的影响。研究结果表明：RCEP 关税减让提高了成员国制造业在全球价值链中的地位，但也有成员国的制造业仍处于全球价值链中的不利位置。秦若冰和马弘（2023）检验了 2017—2019 年消费品关税减让的价格效应和福利影响，结果表明消费品的关税减让显著降低了进口价格和进口成本，促进了进口数量和种类的增加；同时，关税减让加强了国内市场竞争力，降低了国内消费品的价格，提高了居民实际购买力和福利水平。吕建兴和张少华采用双重差分和三重差分法实证分析了 RCEP 生效后不同关税减让幅度与关税减让过渡期对进口的影响，研究发现，随着关税减让幅度的增加，进口促进作用呈逐步增强的特征，同时关税减让过渡期越长，进口促进作用呈下降趋势，但过渡期结束后关税减让对进口的促进作用增加近 1 倍。曹亮等（2022）以企业出口技术复杂度作为企业发展质量的衡量指标，考察了中国—东盟自由贸易区的中间品关税减让对中国农业高质量发展的影响。研究结果表明，中国—东盟自由贸易区的中间品关税减让有助于推动中国农业的高质量发展，但这种积极影响会因为企业所有制、贸易方式及所在地区的不同而存在差异。魏方等（2021）测度了 2001—2017 年中国 31 个工业行业的中间品进口关税率和出口质量，并在此基础上实证研究了中间品进口关税减让对出口高质量发展的影响，发现中间品进口关税减让能显著促进出口质量升级。施锦芳和赵雪婷（2022）以中日韩三国经贸往来数据为基础，分析了关税减让对三国经贸关系的影响，结果表明，RCEP 的生效使关税减让力度和范围不断扩大，有利于加强中日韩的经贸合作，对中日韩乃至亚太区域经济合作将产生重要影响。刘璇等（2020）运用 GTAP 模型模拟 RCEP 关税减让对各成员国宏观经济和产出的影响，研究结果表明，RCEP 成员国间的短期关税减让可以提高中国、日本、韩国和澳大利亚的 GDP、社会福利、居民收入和消费水平等宏观经济效益；就长期来说，实施零关税可能显著提升RCEP 大多数成员国的宏观经济效益和产出水平。徐博等（2021）将全球价值链生产长度的测度拓展到微观企业层面，利用 2000—2013 年中国制造业企业的生产和贸易大样本数据，考察中间品关税减让对中国制造业价值链生产长度的影响效应和作用机制，研究发现中间品关税减让可以延长一般企业的前后向价值链生产长度。

现有关于贸易高质量发展的研究相对较少，主要是将自由贸易区发展、贸易开放、数字经济等和贸易高质量发展联系起来，探究此类因素对贸易高质量发展的影响。徐保昌等（2022）系统考察了环境合规对贸易高质量发展的影响及作用机制，研究结果表明，环境合规有效推动了贸易高质量发展，环境合规主要通过提高企业生产率和扩大政府补贴规模推动贸易高质量发展。付文宇等（2021）采用 2018 年中国 30 个省份的数据，基于组合赋权法和多目标线性加权法对中国对外贸易高质量发展水平进行测度与评价，结果表明，中国对外贸易高质量发展存在明显的区域发展不均衡现象，体现出"东高西低"的特征。成新轩（2021）对自由贸易区的高质量发展进行了概念界定，并在此基础上从区域价值链构建、市场规模扩张、一体化深度加强、自由化程度提升四个方面论证了中国自由贸易区高质量发展是实现国内国际双循环相互促进的啮合点。洪俊杰（2020）指出提升全要素生产率有利于推动贸易高质量发展。进一步地，他还指出可以通过充分发挥市场的资源配置作用、促进高端制造业与生产性服务业发展、加强创新以及深化对外开放等策略提高我国全要素生产率水平，进而推进贸易高质量发展。杨娱等（2018）以木质林产品为研究对象，构建了我国木质林产品外商直接投资额、进口贸易额、出口贸易额的三元向量自回归模型，并在此基础上提出了通过提高外商直接投资质量、改变贸易模式、优化贸易政策推动我国木质林产品贸易高质量发展的路径。胡赛（2018）采用 2003—2016 年浙江省出口贸易数据及保险数据，实证探究了出口信用保险对出口贸易的影响，研究结果表明，国际信用评级的存在、投保概率的增加、对出口企业损失的赔偿均可增加浙江省企业的货款回收概率，从而优化出口资源配置、提高出口水平。

5.1.1 古典贸易理论

古典贸易理论由两部分组成，分别是绝对优势理论和比较优势理论。绝对优势理论由亚当·斯密（Adam Smith）在其著作《国民财富的性质和原因的研究》（1776）中提出，他认为在国际贸易中，一国应该集中生产其具有绝对优势的商品，这种优势体现在技术层面上。大卫·李嘉图（David Ricardo）在 Smith 的基础上提出了比较优势理论，其在著作《政治经济学及赋税原理》（1817）中指出，在国际贸易中，尽管一国在两种商品上都具有绝对优势，另一国仍然可以生产其具有比较优势的商品，以缓解贸易的不平衡。两个国家的差异主要体现在劳动生产率的差异上。约翰·斯图亚特·穆勒（John Stuart Mill）在《政治经济学原理》（1848）中对比较优势理论进行了完善，提出了相互需求理论。他指出国际贸易水平取决于两方面的因素：其一，外国对本国商品需求的数量同本国对外国商品需求的数量之间的相对关系；其二，本国可以从服务于本国消费需求的国内商品生产中节省下来的资本数量。具体来说，在国际贸易中，对对方出口商品的相对需求强度较小的国家，在贸易双方的相互竞争中占据有利位置。

5.1.2 新古典贸易理论

新古典贸易理论的核心论点为要素禀赋理论，又被称为 H-O 理论，是

Ohiln 在 Heckscher 的研究基础上形成的，并在《地区间贸易与国际贸易》（1933）一书中首次提出。该理论认为，在两国技术水平相同的前提下，生产成本的不同来源于两国要素充裕度的不同和产品要素密集度的不同。各国的相对要素丰裕度或要素禀赋是国际贸易中各国具有比较优势的基本原因和决定因素，因此常被称为要素比例或要素禀赋理论。H-O 理论认为，相对要素丰裕度和相对要素价格之间的差异是导致两国开展贸易前相对商品价格不同的原因，这种相对要素价格和相对商品价格之间的差异可以转化为两国间绝对要素价格和绝对商品价格的差异，这种绝对价格差异才是两国开展贸易的直接原因。因此，一国应进口密集使用本国稀缺要素的产品，同时应出口密集使用本国充裕要素的产品，以达到双赢的状态。

5.1.3　新贸易理论

新贸易理论区别于传统国际贸易理论的地方在于其将研究对象从国家延伸至企业，由产品生命周期理论和技术差距理论等组成。产品生命周期理论由美国经济学家雷蒙德·弗农（Raymond Vernon）在《产品周期中的国际投资与国际贸易》（1966）一书中首次提出。他认为产品在市场上呈现周期特性，要经历 4 个时期：①投入期。新产品刚刚进入市场，顾客对产品还不了解，产品销售量增长缓慢。②成长期。产品在市场上已开始被广泛认识和了解，销售量迅速增长，且增长速度加快。③成熟期。产品已被大多数潜在购买者接受，销售量稳步增长，增长速度减缓，销售量达到顶峰。随着生产规模扩大和工艺成熟，生产成本继续降低，但市场竞争趋于激烈，因此产品利润经过高峰后，稳中有降。④衰退期。产品在市场上处于过饱和状态，销售量急剧下降，增长速度呈现负值；产品衰落，利润大幅度下降。产品周期在不同技术水平的国家里，发生的时间和过程不一样，存在较大时差。这一时差表现为不同国家在技术上的差距，它反映了同一产品在不同国家市场上竞争地位的差异，从而决定了国际贸易和国际投资的变化。美国学者波斯纳（M. V. Posner）在《国际贸易与技术变化》（1961）一文中提出了技术差距理论，他认为技术是和劳动、资本相同的生产要素，且各国在技术上的发展水平不同，这种技术上的差距可以使技术领先的国家具有技术上的比较优势，从而出口技术密集型产品。随着专利权的转让、技术合作、对外投资和国际贸易的发展，创新国的领先技术流传到国外，技术上的比较优势逐渐消失，以技术差距为基础的贸易也随之消失。

5.2 中国对 RCEP 成员国的进口关税分析

5.2.1 产品分类

OECD 在 2011 年发布的制造业分类报告以技术密集度作为分类标准，将制造业分为低技术制造业、中低技术制造业、中高技术制造业和高技术制造业四类。本书沿用此标准，将产业进行划分（见表 5.1），并以此为基础分析当前 RCEP 各成员国间的关税水平以及关税减让对中国出口贸易的影响。

表 5.1 产业分类

产业分类	具体部门
农林牧渔业	水稻、小麦、谷粒及其他制品、加工大米、蔬菜、水果、坚果、油籽、甘蔗、甜菜、植物纤维、牛、羊、牛奶、羊毛、动物制品、羊绒、蚕茧、林木、鱼
采矿业	煤炭、石油、天然气及其他矿产品
低技术制造业	牛肉制品及其他肉制品、植物油脂、牛奶制品、糖类及其他植物制品、饮料和烟草制品、纺织和服装制品、皮革制品、木制品、纸制品
中低技术制造业	石油、化学、矿物制品、基础制药、橡胶和塑料制品、铁及其他金属制品
中高技术制造业	电器设备、机械装备、摩托车及零部件、运输设备及其他相关产品
高技术制造业	电脑、电子和光学设备
公用事业	电力、燃气、自来水、公共管理、建筑
交通运输业	水运、航空及其他运输业、仓储、贸易、通信
其他服务业	住宿、餐饮、金融、保险、房地产、商业、休闲、教育、民居、健康和社会服务

5.2.2 关税分析

WTO 发布的《世界关税概况》提供了各国各类进口商品的关税税率数据，但该数据描述的是各国对来自不同国家的各种商品进口关税的平均水平，因此，该数据无法反映同一国家对不同国家产品进口的税率差异情况。为了更准确地揭示当前 RCEP 成员国间各商品的进口关税水平，本书根据 RCEP 文本对此进行了测算。协定文本中各成员国的关税承诺表披露了本国对 RCEP 其他成员国各种商品的基准税率，本书按照上文的部门分类将 HS 标准下的 92 项合并为 9 类，为简化分析，剔除协定生效期内不进行关税减免的产品，以各类商品的最高关税税率和最低关税税率的算术平均值作为本类商品的平均关税税率水平，表 5.2 至表 5.5 为测算结果，描绘了协定生效前 RCEP 成员国间的基准关税水平。

5.2.2.1 中国对 RCEP 其他成员国的进口关税

表 5.2 展示了中国对 RCEP 其他成员国的进口关税基准税率。中国对日本、韩国、澳大利亚、新西兰和东盟的进口关税水平并没有表现出明显差异。在农林牧渔业方面，中国对 RCEP 其他成员国的进口关税税率均为 32.5%，高于采矿业和制造业，但从世界范围来看，中国的农产品进口关税税率并不算高，远低于世界农产品平均关税水平 62%。因此，降低农产品关税一直是 RCEP 谈判过程中的敏感问题，也是难点所在。在采矿业方面，中国对 RCEP 其他成员国的进口关税税率较低，其中对澳大利亚矿产品的进口关税税率最低，仅为 4.5%。澳大利亚等 RCEP 成员国拥有丰富的矿脉资源，这些矿产品也是中国国民经济和工业发展的关键原材料，中国对 RCEP 其他成员国矿产品进口关税的降低，将显著降低中间产品的进口成本，对自身供应链以及将矿产品作为中间投入品的其他制造业均会产生积极影响。在制造业方面，中国对 RCEP 其他成员国的进口关税税率在不同技术水平上表现出明显差异。具体来说，中国对 RCEP 其他成员国的低技术制造业产品的进口关税税率保持在较高水平，对中低和中高技术制造业产品次之，高技术制造业产品最低。

表 5.2 中国对 RCEP 其他成员国的进口关税基准税率

单位:%

产业	日本	韩国	澳大利亚	新西兰	东盟
农林牧渔业	32.5	32.5	32.5	32.5	32.5
采矿业	5.5	5.5	4.5	5.5	5.5
低技术制造业	32.5	32.5	28.5	28.5	28.5
中低技术制造业	20	23.5	20	25	25

表5.2(续)

产业	日本	韩国	澳大利亚	新西兰	东盟
中高技术制造业	22.5	22.5	22.5	22.5	22.5
高技术制造业	15	15	10	11	15

数据来源：由 RCEP 文本测算得出。

5.2.2.2 韩国对 RCEP 其他成员国的进口关税

表5.3 展示了韩国对 RCEP 其他成员国的进口关税基准税率。在农林牧渔业方面，韩国对中国和澳大利亚的进口商品关税保持在较高水平，分别高达 389.7% 和 277.4%，对日本、新西兰和东盟的进口商品关税分别为 44.6%、72% 和 44.6%。韩国为保护国内农业发展，一直以来对农产品实行高额进口关税，严重阻碍了中国对韩农产品出口。随着 RCEP 的生效，韩国农产品进口关税将会逐步下调，中韩农产品贸易额有望提升。在采矿业方面，韩国对 RCEP 其他成员国的进口关税税率相对较低，RCEP 中相关税率的下调可以减轻韩国相关企业的负担，增强其产品在国际市场上的竞争力。在制造业方面，韩国对 RCEP 其他成员国的低技术制造业产品的进口关税税率较高，基本保持为 25%～35%，中低技术制造业次之，进口关税水平为 15%～25%，对中高技术制造业的进口关税税率较低，为 5%～6.5%，对高技术制造业的进口关税税率最低，仅为 4%，原因可能在于当今全球科技竞争日益激烈，信息技术等高科技领域是全球研发投入最集中、创新最活跃、应用最广泛、辐射带动作用最强的领域，是全球技术创新的竞争高地，是引领新一轮变革的主导力量。韩国为支持国内高科技领域发展，占据新一轮竞争中的科技制高点，扩大了对芯片等高技术制造业的税收激励，大幅降低了相关产品的进口关税。

表5.3 韩国对 RCEP 其他成员国的进口关税基准税率

单位:%

产业	中国	日本	澳大利亚	新西兰	东盟
农林牧渔业	389.7	44.6	277.4	72	44.6
采矿业	4	4	4	4	4
低技术制造业	31.5	25.9	35.5	25	35.5
中低技术制造业	25	25	15	20	25

表5.3(续)

产业	中国	日本	澳大利亚	新西兰	东盟
中高技术制造业	6.5	6.5	5	5	6.5
高技术制造业	4	4	4	4	4

数据来源:由 RCEP 文本测算得出。

5.2.2.3　东盟对 RCEP 其他成员国的进口关税

表 5.4 展示了东盟对 RCEP 其他国家的进口关税基准税率。在农林牧渔业方面,相较于中国、日本、韩国,东盟的农产品进口关税相对较低,均小于 15%。东盟国家农产品进口关税较低的原因大致有以下两点:①东盟国家由于土地资源和地理位置的优势,光照充足、雨水充沛,盛产热带和亚热带农作物,在国际市场上竞争力较强,不需要设定过高的进口关税以保护国内农业发展;②在 RCEP 签订之前,东盟国家已与中日韩、澳大利亚、新西兰互为自由贸易伙伴,农产品已覆盖在现有自由贸易协定的关税减让安排中。2017 年,中国与东盟的农产品贸易额首次超过美国,东盟成为中国农产品贸易最重要的合作伙伴,RCEP 生效、跨境电商合作等一系列措施将进一步助推中国和东盟的农产品贸易发展。在采矿业方面,东盟对 RCEP 其他成员国的进口关税税率均较低,RCEP 生效后,进口矿产品逐步降为零关税,有利于企业对冲大宗商品和原材料价格上涨所带来的成本上升压力。在制造业方面,东盟和中国、日本相似,对低技术制造业的进口关税税率最高,中低和中高技术制造业不相上下,对高技术制造业的进口关税税率最低。

表 5.4　东盟对 RCEP 其他成员国的进口关税基准税率

单位:%

产业	中国	日本	韩国	澳大利亚	新西兰
农林牧渔业	13.45	12.95	13.45	13.45	13.45
采矿业	6.73	6.63	6.73	6.73	6.73
低技术制造业	18.75	18.5	19	19	16
中低技术制造业	14.25	14.5	14.25	14.5	14.25
中高技术制造业	16.5	15.95	16.5	15.95	16.75
高技术制造业	9.75	9.75	9.75	9.75	9.75

数据来源:由 RCEP 文本测算得出。

5.2.2.4 日本、澳大利亚和新西兰对 RCEP 其他成员国的进口关税

表 5.5 分别为日本、澳大利亚和新西兰对 RCEP 其他成员国的进口关税税率。需要说明的是与以上国家不同,日本、澳大利亚和新西兰在 RCEP 中并没有针对不同成员国作出不同的关税减让安排,而是对所有成员国做出了统一的关税承诺。在农林牧渔业方面,日本对 RCEP 其他成员国的进口关税税率较高,澳大利亚和新西兰对农产品的进口关税税率较低,均小于 5%。日本受限于其耕地面积,农产品在全球市场上整体处于劣势,这也使得日本成为全球主要的农产品进口市场,同时也是我国农产品出口的主要流向地。RCEP 是中国同日本签订的首个自由贸易协定,为打开日本农产品市场创造了重要条件,如果日本能降低敏感产品的进口关税,将有助于进一步扩大中国农产品的对日出口。在采矿业方面,日本、澳大利亚和新西兰的进口关税税率均未超过 5%。在制造业方面,日本对 RCEP 其他成员国的低技术制造业的进口关税税率高达 25%,中低技术制造业次之,中高技术制造业和高技术制造业的关税税率较低,均低于 5%。澳大利亚和新西兰对所有类别制造业相关产品的进口关税税率都处于相对较低的水平,为 2.5%~5%,RCEP 文本中的关税减让措施可能并不会明显扩大中国与澳大利亚和新西兰此类产品的贸易规模。

表 5.5　日本、澳大利亚和新西兰对 RCEP 其他成员国的进口关税基准税率

单位:%

产业	日本	澳大利亚	新西兰
农林牧渔业	25	2.5	2.5
采矿业	4	2	2.3
低技术制造业	25	5	5
中低技术制造业	8.5	2.5	5
中高技术制造业	1.7	2.5	5
高技术制造业	4.1	2.5	2.5

数据来源:由 RCEP 文本测算得出。

5.3 关税减让对中国出口贸易高质量发展的影响分析

5.3.1 评估方案设定

（1）地区和部门设置。

本书采用的数据来自 GTAP10 数据库，该数据库包含 141 个国家（地区）、65 个部门的相关数据。根据本书研究的需要以及考虑到世界其他贸易大国的影响，我们最终将 GTAP10 数据库中原有的 141 个国家（地区）分为中国、日本、韩国、新西兰、澳大利亚、东盟 10 国、美国、加拿大、印度、俄罗斯、欧盟 27 国和世界其他国家（地区）12 个组别；部门分类则将原有的 65 个部门重新划分为 9 个部门，分别为农林牧渔业、采矿业、低技术制造业、中低技术制造业、中高技术制造业、高技术制造业、公用事业、交通运输业和其他服务业（见表 5.1）。

（2）数据库更新。

由于 GTAP10 数据库是以 2014 年各国的数据为基础的，而 RCEP 生效于 2022 年 1 月 1 日，因此将政策冲击的基准年份设定为 2021 年较为合理，但 2021 年相较于 2014 年，模型的基本宏观数据已发生较大的改变。有鉴于此，本书采用 Walmsley 的动态递归（dynamic recuision）方法，运用 2014—2021 年世界各国的人口、熟练劳动力、非熟练劳动力、资本存量和 GDP 数据将 GTAP10 数据进行外推升级到 2021 年，以更新后的数据为基础进行政策模拟分析。动态递归方法所需的世界各国宏观数据变化率如表 5.6 所示。

表 5.6　2014—2021 年世界各国宏观数据变化率

单位：%

国家（地区）	GDP	人口	资本存量	熟练劳动力	非熟练劳动力
中国	86.63	3.12	68.55	19.52	6.27
日本	16.50	−1.57	12.34	15.41	3.14
韩国	45.84	2.91	37.89	13.25	2.57
澳大利亚	39.14	8.93	22.75	17.03	0.33

表5.6(续)

国家 （地区）	GDP	人口	资本存量	熟练 劳动力	非熟练 劳动力
新西兰	20.83	6.71	20.66	8.80	4.03
东盟	20.46	7.61	37.54	17.79	9.77
美国	13.84	5.57	17.99	5.60	0.34
加拿大	27.26	6.80	20.25	10.51	0.77
印度	55.15	7.85	42.14	26.20	10.43
俄罗斯	52.94	−2.10	27.31	2.74	0.21
欧盟	15.97	0.68	13.89	14.34	3.90
其他	24.11	11.98	28.16	18.26	7.20

数据来源：由法国国际经济研究中心预测数据整理而得。

（3）税率更新。

2021年由于世界贸易格局的演变和地缘政治冲击的加剧，各国的关税税率已发生较大改变。鉴于本章内容旨在分析RCEP文本中的关税减让措施对中国出口贸易的影响，为了提高分析的准确性，我们有必要对基准数据库的税率进行更新校准。具体做法为：将前文测得的RCEP成员国对农业、矿业、低技术制造业、中低技术制造业、中高技术制造业和高技术制造业的基准关税税率通过ALTERTAX工具导入RUNGTAP中进行冲击模拟，将模拟后的结果作为模型的基准数据，以达到数据校准的目的。

5.3.2 模拟情景设定

本章内容旨在评估RCEP文本中关税减让的经济影响，并侧重于分析其对中国出口贸易的影响。RCEP以消除内部贸易壁垒，实现成员国间零关税为长期目标。根据RCEP文本中的"关税承诺表"，RCEP将在未来20年内逐步实现成员国间绝大部分产品的零关税，但各成员国由于经济发展水平不同，难以在短期内实现成员国间的零关税，因此本书对关税冲击的设定参考刘璇（2021）的做法。通过分析RCEP文本中各成员国的"关税承诺表"不难发现，基准关税税率高的商品通常在短期内的降税幅度较低，基准关税税率低的商品往往能在短期内实现零关税，原因可能在于基准关税税率高的商品多属于本国敏感产业，在国际市场上处于比较劣势的地位，为了保护国内相关产业免受冲击，各国在制定关税减让政策时，一般不会在短期内大幅降低此类商品的进口关税；基准关税税率低的商品则相反，在国际市场上一般处于比较优势的地位，短时间内大幅降低该类商品的关税并不会给国内相关产业带来毁灭性冲击。

据此，本书对于短期内的关税冲击设定如下：①对于基准税率水平为 0~10% 的非敏感部门，将其降税幅度设定为 100%，实现零关税；②对于基准税率水平为 10%~20% 的轻度敏感部门，将其降税幅度设定为 70%；③对于基准税率水平为 20%~30% 的中度敏感部门，将其降税幅度设定为 50%；④对于基准税率大于 30% 的重度敏感部门，将其降税幅度设定为 30%。

5.3.3 评估结果分析

将上文设定的关税冲击导入 GTAP 模型中，分别得到各经济体宏观经济的变动情况（见表 5.7）。

5.3.3.1 对各经济体宏观经济的影响

表 5.7 展示了 RCEP 关税减让对各经济体宏观经济变动的影响。就 GDP 而言，RCEP 文本中的关税减让措施使 RCEP 成员国的 GDP 表现出不同程度的增长趋势。其中中国受益程度最高，为 0.28%，澳大利亚和新西兰受益程度相对较低，分别为 0.07% 和 0.09%。美国、加拿大、印度等非 RCEP 成员国的 GDP 水平均表现为小幅降低趋势，其中印度的受损程度最高为 0.03，美国和欧盟是非 RCEP 成员国中 GDP 降低幅度最小的，仅为 0.01。就进口而言，RCEP 的生效可能会促使中国进出口数量有所增加。模拟结果显示，RCEP 成员国间的关税减让使中国进口规模增加了 7.2%，出口规模增加了 3.81%，同时，其他 RCEP 成员国的进出口总额均获得不同程度的增长，但美国和世界其他国家（地区）的进出口总额均有不同程度的下降。由此可见，RCEP 的生效显著促进了区域内的贸易发展，但可能对世界其他国家（地区）的贸易存在一定的挤出效应。模拟结果还显示，RCEP 成员国间的关税减让使中国的净出口总额增加了 97.41 亿美元。除中国外，RCEP 其他成员国的净出口总额均出现不同程度的下降，其中东盟的净出口总额下降了 175 亿美元，居 RCEP 成员国之最，原因可能在于相较于出口贸易额，其进口贸易额的增长幅度更大。非 RCEP 成中国中俄罗斯的净出口总额下降了 10.17 亿美元，是非 RCEP 成员国中净出口总额唯一下降的国家。就福利水平而言，RCEP 文本中的关税减让措施使得

RCEP 成员国的福利水平得到不同程度提升，非 RCEP 成员国的福利水平均受到不同程度的冲击。其中，中国、东盟和日本由于贸易规模基数较大，福利水平提升幅度位列前三，分别增长了 439.89 亿美元、236.65 亿美元和 214.58 亿美元。澳大利亚和新西兰由于距离 RCEP 其他成员国地理位置较远，贸易联系相对较弱，福利增长水平也相对较低，分别为 52.58 亿美元和 8.85 亿美元。在非 RCEP 成员国中，美国的福利受损最为严重，欧盟次之。

表 5.7　各经济体宏观经济变动情况

国家 （地区）	GDP /%	进口 /%	出口 /%	净出口 /亿美元	EV /亿美元
中国	0.28	7.20	3.81	97.41	439.89
日本	0.22	9.87	8.07	−21.40	214.58
韩国	0.45	11.43	7.63	−35.92	148.42
澳大利亚	0.07	6.60	4.77	−24.27	52.58
新西兰	0.09	7.72	4.45	−4.61	8.85
东盟	0.68	10.41	7.28	−175.00	236.65
美国	−0.01	−0.91	−0.37	183.72	−80.22
加拿大	−0.02	−0.34	0.13	23.70	−12.43
印度	−0.03	−0.97	−0.48	6.29	−18.33
俄罗斯	−0.02	−0.88	−0.25	−10.17	−20.52
欧盟	−0.01	−0.38	−0.14	72.73	−48.45
其他	−0.02	−0.61	−0.16	80.08	−132.52

数据来源：经 RUNGTAP 输出结果整理而得。

5.3.3.2　对各经济体制造业的影响

RCEP 文本中的关税减让措施使得各成员国的制造业贸易额变动情况如表 5.8 所示。不难看出，RCEP 文本中的关税减让措施使成员国的制造业进出口规模整体呈现扩大的态势，而非 RCEP 成员国的制造业进出口均受到不同程度的冲击，规模呈缩小态势。对于低技术制造业而言，中国进口贸易额增长了 7.92%，出口贸易额增长了 5.08%；RCEP 成员国中此类商品进出口贸易额增长幅度最大的国家为日本，进出口贸易额分别增长了 16.8% 和 16.82%。非 RCEP 成员国中美国的低技术制造业的出口贸易额下降幅度最大，印度的低技术制造业的进口贸易额下降幅度最大。就中低技术制造业而言，中国进出口贸易额分别增长了7.52%和5.85%；RCEP成员国中韩国的进口贸易额和日本的出口贸易额增长幅度较大，非RCEP成员国中印度和美国的进出口贸易额降低幅度较为明显。对于中高技术制造业而言，中国进出口贸易额分别增长了7.9%和2.96%；RCEP其他成员国的进口贸易额出现不同幅度的增长，其中日本和韩国的增长幅度最大，除中国、日本和东盟外，其余RCEP成员国的出口贸易额均有所降低；非RCEP成员国的出口规模没有表现出统一的规律性，美国、印度和欧盟的出口规模有所缩小，而加拿大和俄罗斯的出口规模小幅扩大。对于高技术制造业而言，中国的进出口贸易额分别增长了8.71%和0.65%；RCEP其他成员国的进口贸易额都有所提高，其中韩国和东盟的高技术制造业进口贸易额增长幅度相对较大，但RCEP的生效并没有扩大澳大利亚和新西兰的出口贸易规模，其原因可能在于澳大利亚和新西兰与RCEP其他成员国的地理位置较远，贸易基础相对较差，且由于人力成本较高等原因，制造业的竞争优势相对较弱；非RCEP成员国受到RCEP生效的影响，进出口贸易均受到不同程度的冲击。

表5.8　各经济体制造业贸易额变动情况

单位:%

国家（地区）	低技术制造业		中低技术制造业		中高技术制造业		高技术制造业	
	进口	出口	进口	出口	进口	出口	进口	出口
中国	7.92	5.08	7.52	5.85	7.9	2.96	8.71	0.65
日本	16.8	16.82	13.13	15.72	8.96	5.26	11.17	21.51
韩国	12.13	13.93	16.05	13.17	14.09	-4.69	16.12	23.79
澳大利亚	10.91	11.00	6.1	8.72	5.39	-2.63	4.55	-8.65
新西兰	11.14	8.30	8.2	7.88	6.75	-2.46	4.38	-8.95
东盟	11.19	3.72	6.94	2.13	7.72	5.65	15.72	24.68
美国	-1.11	-3.18	-0.72	-1.02	-1.15	-0.85	-0.22	-10.27
加拿大	-0.58	-1.26	-0.22	-0.02	-0.26	0.90	-0.08	-4.94
印度	-1.5	-1.33	-1.11	-1.72	-1.59	-0.30	-0.13	-5.56
俄罗斯	-1.05	-2.35	-0.99	-0.41	-0.99	1.31	-0.15	-1.93
欧盟	-0.26	-0.62	-0.25	-0.65	-0.39	-0.63	-0.49	-4.32

表5.8(续)

国家 (地区)	低技术制造业		中低技术制造业		中高技术制造业		高技术制造业	
	进口	出口	进口	出口	进口	出口	进口	出口
其他	-0.72	-0.94	-0.47	-1.44	-0.68	0.18	-0.22	-5

数据来源：经 RUNGTAP 输出结果整理而得。

5.3.3.3　对中国制造业的影响

表 5.9 为 RCEP 文本中的关税减让措施生效后，中国对各贸易伙伴国的制造业贸易额变动的模拟结果。总体来看，RCEP 文本中的关税减让措施使得中国对 RCEP 其他成员国的贸易额显著增加，对非 RCEP 成员国的贸易额受到 RCEP 生效的冲击有所减弱。具体来看，低技术制造业的出口贸易额增加主要来自日本和东盟，关税减让措施在低技术制造业方面对欧盟的进出口冲击最大。中低技术制造业的出口贸易额增加主要来自韩国、日本和东盟，澳大利亚和新西兰的出口贸易额增长幅度较小。关税减让措施生效后，中国对非 RCEP 成员国在低技术、中低技术、中高技术制造业方面的进口贸易额降低幅度均在 9% 左右，出口贸易额降低幅度在 2% 左右。中高技术制造业的出口贸易额增加主要来自韩国和东盟，中国对日本的出口贸易额增长幅度为 RCEP 成员国中最低。高技术制造业的出口贸易额增加主要来自东盟和韩国。东盟作为中国的第一大贸易伙伴，中国在四类制造业方面对其出口额均显著上升，对澳大利亚和新西兰在高技术制造业方面的出口贸易额增长幅度较低，仅为 5% 左右。总之，关税减让措施使得中国对 RCEP 其他成员国的制造业进出口贸易额显著提升，对非 RCEP 成员国的制造业进出口贸易额显著降低，但降低幅度远低于提升幅度。RCEP 文本中的关税减让措施显著提升了中国对韩国和东盟的中高技术制造业和高技术制造业的出口贸易额，有助于提升我国的出口贸易水平。

表 5.9　中国对各贸易伙伴国的制造业贸易额变动情况

单位:%

国家 (地区)	低技术制造业		中低技术制造业		中高技术制造业		高技术制造业	
	进口	出口	进口	出口	进口	出口	进口	出口
日本	29.85	33.83	35.82	35.66	46.35	10.99	44.74	12.34
韩国	29.43	24.88	41.75	45.21	40.95	33.09	44.71	18.07

表5.9(续)

国家（地区）	低技术制造业		中低技术制造业		中高技术制造业		高技术制造业	
	进口	出口	进口	出口	进口	出口	进口	出口
澳大利亚	48.94	19.53	32.57	11.51	44.76	11.65	14.24	5.72
新西兰	47.48	20.36	45.29	18.20	45.40	22.60	21.38	5.39
东盟	57.65	42.33	50.83	34.71	59.93	41.13	68.42	37.19
美国	−8.37	−2.60	−9.25	−2.27	−9.33	−1.68	−25.45	−1.13
加拿大	−8.68	−2.72	−9.50	−2.42	−9.85	−1.90	−25.73	−0.68
印度	−7.71	−2.93	−9.26	−2.09	−8.77	−2.22	−25.13	−1.25
俄罗斯	−8.18	−2.97	−8.79	−2.5	−8.79	−1.82	−25.19	−0.46
欧盟	−9.02	−3.16	−9.85	−2.72	−10.08	−2.48	−26.25	−1.10
其他	−8.50	−2.89	−9.30	−2.47	−9.59	−1.76	−25.78	−0.65

数据来源：经 RUNGTAP 输出结果整理而得。

6　RCEP 海关程序和贸易便利化与中国出口贸易高质量发展

6.1　RCEP《海关程序和贸易便利化》解读

《海关程序和贸易便利化》是 RCEP 的主要章节之一，本章通过确保海关法律和法规具有可预测性、一致性和透明性的条款，以及促进海关程序的有效管理和货物快速通关的条款，旨在创造一个促进区域供应链的环境。

根据世界贸易组织（WTO）的《贸易便利化协定》（TFA），贸易便利化至少包括以下几个方面的内容：信息的公布与获得、货物放行与清关程序、与进出口相关的规费和费用、边境机构合作和海关合作、与进出口和过境相关的手续、受海关监管的进境货物的移动、过境自由、沟通与协商机制等。RCEP 第四章《海关程序和贸易便利化》包含了高于 WTO《贸易便利化协定》水平的增强条款，包括：对税则归类、原产地以及海关估价的预裁定；为符合特定条件的经营者（授权经营者）提供与进出口、过境手续和程序有关的便利措施；用于海关监管和通关后审核的风险管理方法等。

RCEP 第四章《海关程序和贸易便利化》章节共包含 21 个条款和 1 个附件（执行承诺的期限表）[①]。该章节明确海关程序适用于缔约方之间的货物贸易以及进出每一缔约方关税领土的运输工具，提出了海关法律和法规

[①]　资料来源：中华人民共和国南京海关官网：http://nanjing.customs.gov.cn/nanjing_customs/rcepzq/zcjd85/aa576415-2.html。

应具有可预测性、一致性和透明性，简化了海关通关手续，促进了海关程序高效管理，推动了货物快速通关及贸易增长，整体水平超过了 WTO 的《贸易便利化协定》，为创造区域供应链的稳定发展环境提供了有力保障。21 个条款的主要措施可归纳为：明确海关法律法规应遵循的原则、简化通关程序、提升服务保障能力和优化企业管理四个方面。

第一，海关法律法规应遵循两大原则：保证一致性和透明度。其一，保证一致性是指缔约方应保证其海关法律和法规在其关税领土内一致实施和适用，从而达到稳定、统一行政法律关系的效果。RCEP 第四章第四条相对系统地提出了法律实施和适用一致性问题，相较于 TFA，这是 RCEP 在海关程序和贸易便利化方面的创设性条款，目的是响应第二章第二条中消除非关税壁垒的内容，创造一个促进区域供应链的环境。其二，保证透明度要求缔约方应在可能的范围内，在互联网上及时公布并更新有关信息，并应以非歧视和易获得的方式使政府、贸易商和其他利害关系人知晓。有关信息包括进出口单证、关税税率、收费标准、商品归类、进出口限制、惩罚规定、救济措施等十项信息。

第二，简化通关程序涵盖三方面内容。首先，设立抵达前处理程序，即允许提交货物进口所需的文件和其他信息，以便在货物抵达前开始处理，从而加快货物放行。其次，对货物检查以合理和必要为限，对快运货物、易腐货物等争取实现货物抵达后 6 小时内放行，简化海关程序，可以推动果蔬和奶制品等生鲜产品的快速通关和贸易增长。最后，通过适当选择性标准进行风险评估，将监管集中于高风险货物，加快低风险货物的放行。选择性标准包括协调制度编码、货物性质和描述、原产国、货物启运国、货值、贸易商合规记录以及运输工具类型等。

第三，提升服务保障能力包括管理能力和信息技术两方面。其一，规定预裁定措施，对实施预裁定的原则、范围、流程以及效力等做了详细规定，提高了海关程序的管理能力。其二，加强信息技术的应用，使用可以加速货物放行的信息技术，包括在货物运抵前提交数据以及用于风险目标管理的电子或自动化系统，便于海关对海关程序进行电子化管理。

第四，通过实施信用管理和稽查管理来优化企业管理。其一，RCEP 向"经认证的经营者"（AEO）提供与进口、出口或过境手续和程序相关的额外的贸易便利化措施。其中，AEO 制度是世界海关组织倡导的通过海关对信用水平、守法程度和安全水平较高的企业实施认证，对通过认证的企业给予优惠通关便利的一项制度。当前有 11 个 RCEP 成员国已建立了 AEO 制度，包括中国、日本、韩国、澳大利亚、新西兰、新加坡、马来西亚、越南、印度尼西亚、菲律宾和泰国。当前中国已经与其中 5 个国家，包括日本、韩国、澳大利亚、新西兰和新加坡签署了 AEO 互认安排。根据 RCEP 的规定，所有成员国都应建立 AEO 制度，实现 AEO 互认是各国海关合作的重点领域之一，不同国家海关之间可以通过 AEO 互认制度相互给予对方企业优惠便利措施，从而提升两国企业跨境通关效率，压缩通关时间，降低贸易成本。其二，设立透明的后续稽查程序，以风险为基础选择当事人或货物进行后续稽查，保障海关及其他相关法律和法规得到遵守。作为贸易便利的后续保障，稽查能够约束人们的守法行为，在促进贸易便利的同时维护贸易秩序。

总体而言，RCEP《海关程序和贸易便利化》的 21 项条款是从 WTO 的 TFA 发展而来的，但又区别于 TFA 的特征。其一，RCEP 突出强调了 "一致性"原则，要求海关的法律法规在一国境内实施时需保持协调一致；其二，RCEP 对预裁定作出了更详细的规定，提出了更加明确的标准要求和期限说明；其三，RCEP 更加强调以信息技术提升海关运行效率，约定电子文件与纸质文件有同等法律效力，信息技术的应用与推广成为提升贸易便利化的重要手段之一；其四，RCEP 首次对货物放行提出具体时间安排，要求提交通关信息后尽可能 48 小时内安排货物放行，易腐货物、快运货物争取 6 小时内放行，而这些在 TFA 中并未明确指出；其五，RCEP 就 AEO 计划协同合作提出具体建议，注重加强 AEO 计划合作；其六，RCEP 对履行海关程序和贸易便利化承诺提出明确期限安排，区别于 TFA 按照特殊与差别待遇条款的方式，RCEP 通过谈判磋商确定各项措施的具体实施时间，并最终在协定附件中以《执行承诺的期限表》的形式，列明不同国家履行海关程序和贸易便利化条款的过渡期时间表。

综上所述，贸易便利化是 RCEP 中至关重要的一个内容，提升 RCEP 成员国间的贸易便利化水平，促进国家间贸易投资合作，是推动 RCEP 有效落地的关键。

6.2 贸易便利化的内涵和相关理论

6.2.1 贸易便利化的内涵

国内外关于贸易便利化的研究比较丰富。在 19 世纪提出贸易便利化一词后，国内外学者早期的研究就主要集中于贸易便利化的内涵和衡量标准界定上。Wilson 等（2003）认为，贸易便利化涵盖了电子商务、港口效率、海关环境和制度环境四方面内容，既涵盖了港口效率和海关环境等"边境上"要素，又涵盖了电子商务和制度环境等"边境内"要素。Alberto 等（2012）进一步指出，从广义上来说，任何旨在降低贸易成本的政策都可被视为贸易便利化，比如将公路等硬件基础设施和制度等软件基础设施因素也纳入贸易便利化的内涵之中。当然也有狭义的定义，即认为贸易便利化主要是指提升国际货物贸易的通关速度，其内涵具体体现在简化行政手续和海关程序上（匡增杰，2013；张凤 等，2014）。

由此可见，学术界对于贸易便利化的内涵界定并未达成一致，而对于贸易便利化的内涵界定不一导致衡量贸易便利化的指标难以确定。为了更加有效地推进全球各国贸易便利化行动，WTO 在 2013 年通过了《贸易便利化协定》（TFA），该协定被公认为涵盖了贸易便利化最全面、具体的内容，且具有较强的操作性。TFA 于 2017 年 2 月生效，与此同时 WTO 还成立了贸易便利化委员会。据估计，全面实施 TFA 可以平均降低 14.3% 的贸易成本，全球贸易每年可提高 1 万亿美元，其中最贫穷国家的收益最大①。

WTO 定义的贸易便利化就是简化和协调国际贸易程序，以使要素加速在全球范围内流动，其中贸易程序是指收集、提交国际贸易中货物运输所需的单证和数据等。TFA 包含了对加快货物运输、放行和清关的相关规定，以及规定了海关和其他有关当局应在贸易便利化和海关合规问题上进行有效合作等内容。截至 2022 年 12 月，已有 156 个国家和经济体加入该协定，图 6.1 为 2014—2022 年 TFA 批准的成员数量，当前已涵盖 WTO 总成员的 95.12%②。

---

① 资料来源：WTO，https://www.wto.org/english/tratop_e/tradfa_e/tradfa_e.htm#II。
② 根据 WTO 官网数据整理得到。

图 6.1 2014—2022 年 TFA 批准成员数量

数据来源：https://www.tfadatabase.org/en/ratifications/over-time。

TFA 包括三部分内容①：第一部分包括加快货物运输、放行和清关的规定，以及海关合作的相关规定，这一部分内容主要是在《1994 年关税与贸易总协定》（GATT1994）相关条款的基础上，进行优化调整得到的。第二部分包括特殊和差别待遇（SDT）条款，主要是针对发展中国家和最不发达经济体设置的个别条款，并说明了在何时何种情况下才可以执行这些个别条款。第三部分包括具体措施执行的机构安排和一些最终条款，机构包括 WTO 设立的贸易便利化委员会，也要求各成员在内部也设立国家贸易便利化委员会，以更好地执行 TFA 中的条款。

此外，为使各成员的贸易惯例与 TFA 保持一致，亚太经济合作组织（APEC）、世界银行（WB）、世界海关组织（WCO）、联合国贸易便利化与电子商务中心（UN/CEFACT）等国际组织对贸易便利化的内涵和评价标准都进行了界定。WB 于 2014 年提出了《贸易便利化支持计划》（TFSP），认为贸易便利化涵盖了基础设施建设、港口效率、物流运输和海关环境等多个领域。WCO 也发布了《贸易便利化指南》②，其对贸易便利化的概念更侧重于海关环境的便利化。APEC 在《贸易便利化行动计划手册》③ 中指出，贸易便利化是指简化和理顺阻碍、延误跨境货物流动或增

① 根据 WTO 官网数据整理得到。

② 资料来源：世界海关组织 WCO，WCO Implementing the WTO TFA，https://www.wcoomd.org/en/topics/wco-implementing-the-wto-atf/wto-agreement-on-trade-facilitation.aspx。

③ 资料来源：APEC，APEC Second Trade Facilitation Action Plan Brochure，https://www.apec.org/docs/default-source/publications/2007/9/apec-second-trade-facilitation-action-plan-brochure-september-2007/2007_2ndtfap_fnl1.pdf？sfvrsn＝ed734867_1．2007.09。

加货物跨越国际边界运输成本的海关和其他行政程序。该计划将海关程序、标准一致化、商务流动和电子商务四个方面作为贸易便利化的主要内容。

综上所述，虽然当前关于贸易便利化尚未形成统一的定义，但一般来说，贸易便利化最主要的目标可以总结为在东道国进行贸易的过程中降低贸易成本、提高贸易效率，体现在贸易程序的简化和协调、基础设施的完善和标准化、相关标准的一致化等方面，可以通过软硬件基础设施、制度和规则层面的环境条件是否有助于贸易活动顺利进行，来评估贸易便利化水平的高低。

6.2.2 贸易便利化下贸易成本的理论与度量

如前文所述，贸易便利化的最关键目标是降低贸易成本，可以分为时间成本和经济成本。由此可见，贸易成本是界定和衡量贸易便利化非常重要的一个概念。虽然现有国内外研究中尚未形成贸易便利化的理论，但关于贸易成本的理论较为丰富。因此本节主要聚焦于贸易成本，通过梳理其相关概念和理论演化过程，从贸易成本角度理解贸易便利化的深刻内涵，也为后文贸易便利化的测量奠定基础。

6.2.2.1 贸易成本相关理论

传统贸易理论往往围绕自由贸易展开，而在传统贸易理论中人们往往考虑的是生产成本，而非贸易成本。古典贸易理论强调的是国家之间技术的绝对或相对差异所决定的绝对或相对生产成本差异；新古典贸易理论强调国家之间要素禀赋差异导致的生产成本差异；新贸易理论则分析了不完全竞争市场和规模报酬递增前提下，生产规模不同导致的生产成本差异。

然而在实际贸易过程中，贸易成本难以避免，且会对国家间的贸易分工产生影响。针对传统贸易理论的不足，新制度主义经济学派把新古典经济学的基本方法运用于制度结构的研究中，包括法律、企业组织、社会文化等，并引入了交易费用、产权等要素。著名经济学家罗纳德·哈里·科斯（Ronald H. Coase）在其《企业的性质》一文中最早提出了"交易成本"这一概念，而新制度经济学正是围绕交易成本展开讨论从而形成体系的。交易成本即利用价格机制或市场的交换手段进行交易产生的费用，包括提供价格的费用、讨价还价的费用、订立和执行合同的费用等。学者们将零交易费用假定修正为正交易费用假定，使经济学的研究更接近现实，拓展了新古典经济学的研究领域。虽然这些研究引入了交易成本因素，但只是将交易成本因素作为影响经济的制度组成要素之一，然而我们一般认为成本对国际贸易的发展方向也产生了重要影响，因此，需要扩大成本对国际贸易影响的研究。

新经济地理学的开创者克鲁格曼（1980）通过引入冰山运输成本的概念，发现运输成本决定了企业的空间集聚和贸易模式。冰山在海洋运输过程中会产生损失，即成本。该理论更加侧重运输成本，简化了贸易成本的复杂性，也得以广泛应用。

新新贸易理论建立了异质性企业模型，该模型改变了以往贸易理论把贸易成本作为外生变量的假定，将贸易成本作为内生变量，即企业的出口行为是由企业的生产率和贸易的固定成本相互作用而内生决定的。也有学者将异质性企业模型进行了扩展，用于分析贸易成本与贸易之间的关系（钱学峰，2008；朱延福 等，2013）。

6.2.2.2 贸易成本度量方法

在贸易成本的测度上，Anderson 和 Wincoop（2003）模型是比较经典的模型，因为这是最简约的交易模型之一，其推导过程比较直观。但事实上，贸易成本的衡量并不取决于这个特定的模型，Novy（2013）在此模型基础上进行了扩展，该测算思路和方法得以更广泛地应用（王领 等，2019；卢仁祥，2022）。

Anderson 和 Wincoop（2003）模型引入了外生双边贸易成本作为模型的核心要素。当一件货物从 i 国运往 j 国时，双边可变运输成本和其他可变贸易壁垒推高了每件货物的成本。由于贸易成本的原因，商品价格在各国之间存在差异。具体地说，如果 p_i 是原产于 i 国的货物的净供给价格，则 $p_{ij} = p_i t_{ij}$ 是 j 国消费者面对的该货物的价格，其中 t_{ij} 是双边贸易总成本因素（等于 1 加上关税等值）。基于此，本书建立了含有双边贸易成本的引力模型：

$$x_{ij} = \frac{y_i \, y_j}{y_w} \left(\frac{t_{ij}}{\pi_i p_j} \right)^{1-\delta} \tag{6.1}$$

其中，x_{ij} 表示 i 国对 j 国的名义出口额，y_i 和 y_j 分别表示 i 国和 j 国的名义收入，y_w 是世界收入，δ 表示商品替代弹性，π_i 和 p_j 分别表示 i 国和 j 国的价格指数。

由于贸易成本难以直接度量，Anderson 和 Wincoop（2003）模型假定贸易成本函数为：$t_{ij} = b_{ij} d_{ij}^k$，b_{ij} 是指与边界有关的指标，d_{ij}^k 是双边地理距离，其中 k 是距离弹性。此外，为了简化计算，假定双边贸易成本是对称的，即 $t_{ij} = t_{ji}$。这也导致该模型存在一些不足：一方面，忽视了如关税等影响贸易成本的关键因素，导致模型本身可能有误；另一方面，双边贸易成本从现实来看往往是不对称的，且会随时间变化而变化，但距离等变量是固定的。

基于此，Novy（2013）在 Anderson 和 Van Cincoop（2003）模型、李嘉图模型和异质性模型的基础上，将贸易成本的界定范围扩大，得到了综合贸易成本的测算函数：

$$T_{ij}^{MO} = \left(\frac{t_{ij} \, t_{ji}}{t_{ii} \, t_{jj}} \right)^{\frac{1}{2}} - 1 = \left(\frac{x_{ii} \, x_{jj}}{x_{ij} \, x_{ji}} \right)^{\frac{1}{2(\delta-1)}} - 1 \tag{6.2}$$

其中，x_{ii} 和 x_{jj} 分别表示 i 国和 j 国的国内贸易，这一部分在实际测算中可以通过国内生产总值扣除国际贸易额得到。

可见，经过 Novy 的扩展，综合贸易成本最终表现为一个百分比，若 $T_{ij}^{MO} = 60\%$，则表示货物从国家 i 到国家 j 之间的贸易成本相当于原货物价值的 60%。另外需要注意的是，由模型（6.2）可以看出，综合贸易成本的测算会受商品替代弹性 δ 的影响，δ 越高，代表商品越容易被替代，因此也会更容易受到贸易成本的影响。Anderson 和 Wincoop 在研究中发现 δ 取值为 5~11，Novy 在研究中取中间值 8，之后的大多数研究也借鉴于此。但这也说明，测算出的综合贸易成本并不具有绝对含义，只能相对度量，用于比较分析更为合适。

本节重点介绍了贸易便利化下贸易成本的理论发展和度量方法，能够从最本质的角度理解贸易便利化的内涵，也为后续贸易便利化的定量和定性分析奠定基础。

6.3 RCEP 成员国贸易便利化水平的测度与比较

关于贸易便利化的定量研究已比较丰富，其测量方法和指标界定也非常多样，目前还尚未形成统一的评价指标体系。关于贸易便利化水平的评估可以分为两大类：其一是国际组织建立的各项指标，包括世界银行（WB）、世界经济论坛（WEF）、亚太经济合作组织（APEC）和经济合作与发展组织（OECD）等；其二是学者们根据研究侧重，改进的测量指标和方法。本节主要介绍两大类指标体系中较为典型，以及在近期学术研究中较为常用的测度方法，并对 RCEP 成员国的贸易便利化水平进行测度和比较分析。

6.3.1 世界经济论坛 ETI 指数

6.3.1.1 ETI 指数

世界经济论坛（WEF）的年度贸易促进指数（ETI）是当前众多衡量贸易便利化指标体系中最具代表性和应用范围最广的指标体系。世界经济论坛从 2008 年开始发布《全球贸易促进报告》[①]，并从一开始就在报告中选用了 ETI 指数，该指数评估了各经济体的贸易便利化程度，包括机构、政策、基础设施和服务等多方面内容。ETI 指数涉及的范围要比 WTO 界定的贸易便利化问题广泛得多。

ETI 指数包括 4 个次级指标：市场准入、边境管理、基础设施和商务环境；次级指标下又设 7 个三级指标：国内市场准入、国外市场准入、边境管理的效率和透明度、交通基础设施的可用性和质量、交通服务的可用性和质量、信息通信技术的可用性和质量、商务环境（见图 6.2）；三级指标下还有更加细致的四级指标，共计 57 个。各项指标的数据主要来源于世界银行、世界贸易组织、全球物流协会等国际组织的统计数据，以及世界经济论坛的执行意见调查数据，指标体系涵盖了很多与贸易相关的商务环境问题，因而 ETI 在测度贸易便利化方面是具有一定全面性的。

6.3.1.2 ETI 测算与 RCEP 贸易便利化测度

关于 ETI 指数的测算，每一层级的指标权重都根据指标数量进行均分，如 4 个二级指标权重各为 25%，再如市场准入二级指标下设 2 个三级指标，这 2 个三级指标权重就各为 50%，具体权重情况如图 6.2 所示。

ETI 的测算需要将每一个指标的价值转化为 1~7 的数值，数值越高代表贸易便利化程度越高，可以通过公式（6.3）进行转换。另外，各层级存在一些负向指标，即数值越大表明阻碍越大，可以通过公式（6.4）进行转换。

[①] 资料来源：世界经济论坛（WEF）官网，https://www.weforum.org/reports/the-global-ena-bling-trade-report-2016。

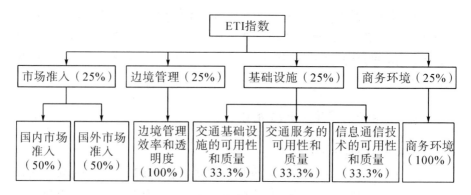

图 6.2 ETI 各项指标权重

注：由 2016 年全球贸易促进报告整理得到。

$$6 \times \left(\frac{样本值 - 样本最小值}{样本最大值 - 样本最小值} \right) + 1 \qquad (6.3)$$

$$-6 \times \left(\frac{样本值 - 样本最小值}{样本最大值 - 样本最小值} \right) + 7 \qquad (6.4)$$

对于 K 个指标组成的 i 个类别，可以按照公式（6.5）进行计算，以此由下到上得到每一层级的取值：

$$\text{category}_i = \frac{\sum_{k=1}^{K} \text{indicator}_k}{K} \qquad (6.5)$$

据此，我们可以得到由 ETI 指数测算的 RCEP 成员国的贸易便利化水平，如表 6.1 所示。2016 年《全球贸易促进报告》中评估了全球 136 个国家，其中包括 14 个 RCEP 成员国的贸易便利化水平，缅甸数据缺失。由表 6.1 可以看出，新加坡的贸易便利化水平排在样本国家中的第 1 位，日本、韩国、澳大利亚和新西兰四个国家处于前 30 位，柬埔寨排名最低。可见国家间贸易便利化水平差异较大，2016 年整体贸易便利化水平不高。

从二级指标来看，中国、韩国、澳大利亚、新西兰以及新加坡的边境管理和基础设施相较其他两项都较高，表明此类型国家内部有较为完善的基础设施，以及良好的制度环境；其余国家大都是市场准入和商务环境相较更高，此类国家则是市场准入门槛较低，愿意积极参与国际贸易，但基础设施和制度较为落后。

从国别来看，日本、韩国、澳大利亚和新西兰这四个发达国家整体贸易便利化水平也位于前列。中国的市场准入则稍显滞后，其余三项已达到较高的水准，特别是基础设施水平。东盟国家贸易便利化水平差异较大，但大多数国家市场准入的分数都较高，其中泰国、柬埔寨、老挝的边境管理、基础设施和商务环境都处于相对较低水平。

表 6.1　2016 年 RCEP 成员国贸易便利化水平（ETI 指数）

序号	国家	市场准入	边境管理	基础设施	商务环境	总分	全球排名
1	中国	3.4	4.9	5.1	4.6	4.49	61
2	日本	4.9	5.2	4.1	4.8	5.28	16
3	韩国	4.1	5.7	5.8	4.6	5.04	27
4	澳大利亚	4.0	5.6	5.5	5.2	5.10	26
5	新西兰	4.6	5.8	5.1	5.6	5.27	18
6	文莱	5.1	3.9	3.8	4.3	4.27	72
7	马来西亚	4.3	5.0	5.2	5.1	4.90	37
8	印尼	4.6	4.4	3.9	4.3	4.30	70
9	菲律宾	5.0	4.1	3.5	3.9	4.13	82
10	新加坡	5.5	6.4	6.2	5.8	5.97	1
11	泰国	5.1	2.7	3.1	4.0	4.45	63
12	柬埔寨	5.0	3.6	3.2	4.0	3.96	98
13	老挝	5.3	3.7	2.7	4.2	3.98	93
14	越南	4.5	4.2	4.1	4.2	4.26	73

注：由 2016 年《全球贸易促进报告》整理得到，报告中缺失缅甸的数据。

综上所述，ETI 指数从市场准入、边境管理、基础设施和商务环境四个层面较为细致地测算了贸易便利化水平，但也存在一定的局限性。首先，该报告目前只更新到 2016 年，截至目前已有 6 年数据缺失，虽然指标选取具有一定借鉴意义，但难以应用于当下的研究。其次，指标测度时权重的划分全部采取平均的设定不太符合现实状况，如将一级指标设置为 25% 的前提假设是在经济全球化背景下，各国均在同一框架下进行贸易，且以发达国家作为基准，导致设置有失偏颇，将国家间非常重要的差异性抹去了。因此，每一层级的权重应该是有差别的，不同国家的侧重不同，权重应该随时间进行调整。由上可知，ETI 指数的测算因为有失客观性，所以在学术研究中应用较少，但其对于各项指标的细化分类值得借鉴。

6.3.2　OECD 贸易便利化指标体系

6.3.2.1　TFIs 指数

为了帮助各国政府改善边境程序，降低贸易成本，促进贸易流动并从国际贸易中获得更大利益，OECD 制定了一套贸易便利化指标体系（TFIs），以确定行动领域，以及评估改革的潜在影响。OECD 于 2013 年开始对贸易便利化指标体系（TFIs）进行测算评估，截至 2022 年年底，完善出 11 项贸易便利化指标，这 11 项指标对应 WTO《贸易便利化综合谈判草案》的 12 条，与 TFA 的贸易便利化措施相关。11 项二级指标下设 155 个三级指标[①]，指标测量的数据主要来自问卷调查和公开数据。TFIs 一级指标和二级指标说明如表 6.2 所示。

表 6.2　TFIs 一级指标和二级指标说明

序号	二级指标	三级指标数	序号	二级指标	三级指标数
A	information availability 信息可获得性	21	G	formalities-automation 手续自动化	13
B	involvement of the trade community 贸易组织参与度	8	H	formalities-procedures 手续过程	35
C	advance rulings 预裁定	11	I	internal border agency co-operation 内部合作	11
D	appeal procedures 上诉程序	13	J	external border agency co-operation 外部合作	11
E	fees and charges 税费	14	K	governance and impartiality 治理与公正	9
F	formalities-documents 手续文档	9	—	—	—

6.3.2.2　TFIs 测算与 RCEP 贸易便利化测度

关于 TFIs 指数的测算，TFIs 的总评分是各二级指标的得分之和，而二

---

① 资料来源：经济合作与发展组织（OECD）官网，https://www.oecd-ilibrary.org/trade/trade-facilitation-reforms-worldwide_ce7af2ce-en。

级指标得分则由三级指标加权平均得到。各三级指标得分是离散的，只能取值为0、1、2，分值越大代表该项指标表现越好。这样的评分方法可以处理大量的问卷调查信息，将文字信息转化为数值。由此，TFIs满分为22分。

表6.3展示了2021年RCEP成员国的TFIs指数得分和排名情况，可以看出韩国、日本、新加坡、澳大利亚和新西兰的得分在19分以上，排名靠前。中国、越南、泰国和马来西亚的得分在15分以上，处于中等位置。其余国家则排名靠后，其中老挝最低，分数差距较大。RCEP成员国间的贸易便利化水平差距仍然较大。

表6.3　2021年RCEP成员国贸易便利化水平（TFIs指数）

国家	TFIs	排名	国家	TFIs	排名
中国	17.266	6	菲律宾	13.566	12
日本	19.956	2	新加坡	19.839	3
韩国	20.533	1	泰国	15.782	8
澳大利亚	19.690	4	柬埔寨	12.503	13
新西兰	19.533	5	老挝	9.904	15
文莱	14.979	10	缅甸	11.200	14
马来西亚	15.694	9	越南	16.483	7
印尼	14.738	11	——	——	——

OECD的贸易便利化指标体系非常细致，二级指标下设156个三级指标，能够较为全面地衡量一个国家的贸易便利化水平，并且涵盖大多数样本国家，数据也能够定期更新，可以为相关研究提供一定借鉴。但该指标体系也存在一定缺陷，首先，三级指标过多，在实际操作中可能会导致工作量庞大，并且指标得分过于简化，难以更加细致地衡量指标的变化情况；其次，同ETI指标一样，权重为均分，会忽略掉指标的差异性。而在相关学术研究中，需要更具代表性的指标体系，并且次级指标权重要体现出不同指标的重要性差异，因此目前研究中对于ETI和TFIs的应用较少。

6.3.3　Wilson（2003）测算方法

6.3.3.1　Wilson（2003）指标

当前大多数国内关于贸易便利化的研究都借鉴了Wilson等（2003）提出的贸易便利化量化体系（孟庆雷 等，2022；史亚茹 等，2022；陆亚琴等，2022；毛艳华 等，2023），因此本节专门介绍了该指标的测算方法，以下简称 Wilson（2003）指标。

Wilson（2003）指标体系主要涵盖四方面内容：港口效率、海关环境、规制环境、电子商务。具体而言，港口效率旨在衡量港口和机场基础设施的质量；海关环境旨在衡量直接海关费用，以及海关和过境点的行政透明度；规制环境则是衡量国家监管态度；电子商务用来衡量国内一些基本的基础设施发展水平，以及利用互联网信息提高工作效率和进行经济活动的程度。

表 6.4 列举了 Wilson（2003）指标构建体系，并且说明了各项指标的取值范围，同前文 ETI 一致，一般需要将各项指标价值转换为 1~7 的数值，数值越高代表这些指标越好。另外，表 6.4 中指标性质为负的指标，与贸易便利化呈负相关关系；其指标值越小代表贸易便利化环境越好，在测算时作为负值纳入公式进行计算。表 6.4 中的清廉指数和电子商务公司占比两项指标是百分数，不转化为 1~7 的数值。

表 6.4　Wilson（2003）指标构建体系

二级指标	细分指标	分值区间	指标性质	数据来源
港口效率	港口效率指数	1~7	+	Clark（2002）
	港口设施质量	1~7	+	世界经济论坛 2000
	航空设施质量	1~7	+	世界经济论坛 2000
海关环境	非常规支付	1~7	−	世界经济论坛 2000
	进口费用	1~7	−	世界经济论坛 2000
	除关税、配额外隐藏的贸易壁垒	1~7	−	世界经济论坛 2000
	贿赂与腐败情况	1~7	−	世界经济论坛 2000
	不当做法	1~7	−	IMD2000
	清廉指数	1~100	+	透明国际 2001
规制环境	监管效率	1~7	+	世界经济论坛 2000
	监管标准	1~7	+	世界经济论坛 2000
	协定的合规程度	1~7	+	世界经济论坛 2000
	法规执行力度	1~7	+	世界经济论坛 2000
电子商务	电子商务公司占比	1~100	+	世界经济论坛 2000

基于此，Wilson（2003）对各项指标与贸易流量的关系做了实证研究，结果表明各项指标与贸易流量之间存在稳健的显著性关系，因此用其作为贸易便利化指标体系是具有一定研究意义的。

但是在 Wilson（2003）的研究中，各项指标都是单独作为解释变量引入模型中的，难以体现其作为贸易便利化整体指标的意义，因此后续学者更多采用主成分分析法、熵值法等将次级指标合为一个贸易便利化的整体指标，再做后续研究。另外，Wilson（2003）的指标主要来源于调查问卷，有部分数据难以满足当今现实要求，如电子商务公司占比难以全面衡量电子商务技术在国际贸易领域的利用和发展情况，可以加入新技术可用性、互联网使用率等指标。因此，后续学者在研究中更多借鉴的是 Wilson（2003）的 4 项二级指标，并在此基础上对指标进行扩展，然后进行标准化处理后取均值（李波 等，2018；史亚茹 等，2022），或者利用主成分分析法、熵值法得到一个综合的贸易便利化整体指标（孟庆雷 等，2022；毛艳华 等，2023），再做后续的实证分析等。

6.3.3.2　Wilson（2003）指标拓展与 RCEP 贸易便利化测度

在 Wilson（2003）指标的基础上，本书借鉴已有研究成果，设置了测度贸易便利化水平的指标体系，如表 6.5 所示，在 4 项二级指标下设 12 项细分指标。

表 6.5　贸易便利化水平测度指标体系

二级指标	细分指标	分值区间
港口效率（A）	道路质量（a_1）	1~7
	航空运输基础设施质量（a_2）	1~7
	港口基础设施质量（a_3）	1~7
海关环境（B）	非关税贸易壁垒普遍度（b_1）	1~7
	关税复杂度（b_2）	1~7
	通关效率（b_3）	1~7
规制环境（C）	司法独立（c_1）	1~7
	政府管制负担（c_2）	1~7
	知识产权保护（c_3）	1~7

表6.5(续)

二级指标	细分指标	分值区间
电子商务（D）	互联网使用率（d_1）	0~100
	创新能力（d_2）	1~7
	研发能力（d_3）	1~7

表6.5中具体指标解释如下：①港口效率用来衡量整体运输所耗费的时间和成本，该指标下包括道路、航空和港口基础设施质量3个三级指标，指标取值均为1~7，数值越高意味着基础设施质量越好，整体来说，运输效率也越高。②海关环境能够体现货物（服务）过境的便利性，包括关税复杂度、非关税贸易壁垒普遍性和通关效率3个三级指标，指标取值均为1~7，数值越高表示过境障碍越少，海关环境越利于贸易。③规制环境能够体现国家的监管能力和管理的透明度，以及对贸易权益的重视和保护，该指标下设司法独立、政府管制负担和知识产权保护3个三级指标，指标取值均为1~7，数值越高表示政府的规制环境越好，越能够促进贸易便利化。④电子商务能够体现一个国家，特别是企业对信息的获取和处理能力，该指标包括互联网利用率、创新能力、研发能力3个三级指标，互联网利用率取值为0~100，对其进行标准化处理为1~7，其余两个指标取值均为1~7，数值越高代表信息化水平越高，越有利于促进贸易便利化。

以上指标相关数据均来源于世界经济论坛每年发布的《全球竞争力报告》，表6.6整理了2018年12个三级指标排名最前和最后的国家，可以看出新加坡在大多数项目中都排名靠前，其次是新西兰、澳大利亚等。而柬埔寨大多排名靠后，其次是越南、老挝等。该排名与2016年ETI世界排名基本一致。RCEP成员国特别是东盟国家中贸易便利化水平的差异仍然较大。

表6.6 2018年各项三级指标在RCEP成员国中排名情况

三级指标	排名第1	排名第13
道路质量（a_1）	新加坡	越南

表6.6(续)

三级指标	排名第1	排名第13
航空运输基础设施质量(a_2)	新加坡	柬埔寨
港口基础设施质量(a_3)	新加坡	老挝
非关税贸易壁垒普遍度(b_1)	新加坡	越南
关税复杂度(b_2)	新加坡、澳大利亚	日本、泰国
通关效率(b_3)	新加坡、澳大利亚	柬埔寨
司法独立(c_1)	新西兰	柬埔寨
政府管制负担(c_2)	新加坡	菲律宾
知识产权保护(c_3)	新加坡	柬埔寨
互联网使用率(d_1)	韩国	老挝
创新能力(d_2)	新西兰	马来西亚
研发能力(d_3)	新加坡	柬埔寨

注：由于《全球竞争力报告》中缺失缅甸和文莱的数据，此处为13个RCEP成员国的排名情况。下同。

为消除以上指标主观赋权的随意性和主观性，本书针对原始数据采用主成分分析法进行权重赋值，得到一个能够衡量RCEP成员国整体贸易便利化水平的综合指标，通过 KMO 和 Bertlett 检验，得到 KMO 统计量为 0.841，Bertlett 统计量为 1 026.551，且在 0.1% 的置信水平上显著，表明适合采用主成分分析法。因此，本节利用 Stata 软件对以上 12 个三级指标进行主成分分析，得到 3 个主成分，这 3 个主成分提取了全部指标中 82.9% 的信息量，并且保障了主成分之间没有相关性（见图 6.3 和图 6.4）。

. pca a1 a2 a3 b1 b2 b3 c1 c2 c3 d1 d2 d3

Principal components/correlation

Number of obs	=	78
Number of comp.	=	12
Trace	=	12

Rotation：（unrotated=principal） Rho = 1.000 0

Component	Eigenvalue	Difference	Proportion	Cumulative
Comp1	7.494 53	5.972 35	0.624 5	0.624 5
Comp2	1.522 18	0.591 319	0.126 8	0.751 4
Comp3	0.930 862	0.209 744	0.077 6	0.829 0
Comp4	0.721 118	0.326 976	0.060 1	0.889 1
Comp5	0.394 142	0.127 187	0.032 8	0.921 9
Comp6	0.266 956	0.061 865 8	0.022 2	0.944 1
Comp7	0.205 09	0.038 928	0.017 1	0.961 2
Comp8	0.166 162	0.047 685 2	0.013 8	0.975 1
Comp9	0.118 476	0.044 627	0.009 9	0.985 0
Comp10	0.073 849 5	0.011 712 9	0.006 2	0.991 1
Comp11	0.062 136 6	0.017 644 2	0.005 2	0.996 3
Comp12	0.044 492 3		0.003 7	1.000 0

图 6.3　各成分特征值及其累计贡献率

. corr f1 f2 f3
（obs=78）

	f1	f2	f3
f1	1.000 0		
f2	−0.000 0	1.000 0	
f3	−0.000 0	−0.000 0	1.000 0

图 6.4　主成分相关性分析

据此，我们可以得到 2013—2018 年 RCEP 成员国的贸易便利化指数和总体排名情况，如表 6.7 所示。

表 6.7　2013—2018 年 RCEP 成员国的贸易便利化指数和总体排名

国家	2013 年		2014 年		2015 年		2016 年		2017 年		2018 年	
	TFI	排名	TFI	排名	TFI	排名	TFI	排名	TFI	排名	TFI	排名
中国	5.0	7	4.8	7	5.1	7	5.4	7	5.1	7	5.2	7
日本	7.1	4	7.3	4	7.4	4	7.5	3	7.0	3	7.1	3
韩国	5.4	6	5.6	6	5.8	6	5.8	6	5.7	6	5.8	6
澳大利亚	6.4	5	7.0	5	7.1	5	6.8	5	6.6	5	6.9	4
新西兰	7.9	2	7.6	3	7.8	2	7.7	2	7.3	2	7.5	2
马来西亚	7.6	3	7.8	2	7.5	3	7.4	4	6.9	4	6.1	5
印尼	4.2	9	4.1	9	4.5	8	5.0	8	4.5	8	4.6	8
菲律宾	3.9	10	3.8	10	3.3	10	3.2	12	4.0	10	4.2	10
新加坡	9.1	1	9.3	1	9.6	1	9.6	1	8.8	1	8.9	1
泰国	4.4	8	4.5	3	4.4	9	4.7	9	4.3	9	4.3	9
柬埔寨	2.5	13	2.4	13	3.1	12	2.9	13	2.8	13	2.9	13
老挝	3.5	11	3.2	12	3.2	11	3.3	11	3.0	12	3.3	12
越南	2.9	12	3.3	11	0.0	13	3.3	10	3.0	11	3.4	11

2013—2018 年 RCEP 各成员国的贸易便利化水平在整体上有所提高，贸易便利化水平较高的国家有：新加坡、新西兰、日本、马来西亚和澳大利亚，在 RCEP 成员国中贸易便利化水平排名位于前列；韩国、中国、印尼和泰国处于中等位置，其中，中国一直处于第 7 位，贸易便利化水平中等，在 2016 年后稍有下降。此外，菲律宾、老挝、越南和柬埔寨位于后列，贸易便利化水平较低，其中越南和柬埔寨的贸易便利化水平基本维持着最低位置。

6.4　贸易便利化对中国出口贸易高质量发展的影响分析

6.4.1　贸易便利化对中国出口规模的影响

6.4.1.1　模型构建与指标选取

基于前文对 RCEP 成员国贸易便利化水平的综合测度，本节重点研究 RCEP 成员国贸易便利化水平对中国出口规模的影响。贸易便利化能够促进贸易流量的增长，在大多数研究中已经得到证实（刘文，2023；马梦燕等，2023；陈甫军，2022）。

首先，借鉴 Tinbergen（1962）和 Poyhonen（1963）提出的原始引力模型，本书构建拓展的引力模型如下：

$$X_{ij} = G \frac{Y_i \times Y_j}{D_{ij}} \tag{6.6}$$

其中，X_{ij} 表示国家 i 和国家 j 在第 t 期的贸易流量。Y_i 表示国家 i 在第 t 期的经济规模，一般可以用 GDP 来衡量，同样 Y_j 表示国家 j 在第 t 期的经济规模。D_{ij} 表示国家 i 和国家 j 之间的地理距离。G 为常数项。

其次，对该模型两边取对数，可得到一般形式的引力模型：

$$\ln(X_{ij}) = \beta_0 + \beta_1\ln(Y_i) + \beta_2\ln(Y_j) + \beta_3\ln(D_{ij}) + \epsilon_{ij} \tag{6.7}$$

其中，β_0 为常数项，$\beta_i(i = 1, 2, 3)$ 为估计系数，ϵ_{ij} 为残差项。

本节主要研究 RCEP 贸易便利化对中国出口规模的影响，因此根据研究目的调整一般形式的引力模型，得到改进后的引力模型如下，可作为计量回归的基准模型：

$$\begin{aligned}\ln(X_{ij}) = \ &\beta_0 + \beta_1\ln(\mathrm{TFI}_j) + \beta_2\ln(\mathrm{GDP}_j) + \\ &\beta_3\ln(\mathrm{POP}_j) + \beta_4\ln(D_{ij}) + \epsilon_{ij}\end{aligned} \tag{6.8}$$

其中，X_{ij} 表示中国对国家 j 在第 t 期的出口额，为被解释变量，数据来源于 UN COMTRADE 数据库；TFI_j 表示国家 j 在第 t 期的贸易便利化水平，为核心解释变量，数据来源于 6.3.2 的测算结果；GDP_j 表示国家 j 在第 t 期的人均国内生产总值，在模型中还加入了衡量国家 j 人口规模的指标 POP_j，这两个指标数据来源于世界银行数据库，D_{ij} 表示从北京到国家 j 首都的地理距离，数据来源于 CEPII 数据库，以上三个指标均为控制变量。表 6.8 为各指标的描述性统计结果。

表 6.8　描述性统计结果

变量	均值	标准差	最小值	最大值
X_{ij}	23.966	1.347	20.710	25.735
TFI_j	5.425	2.141	0	9.600
GDP_j	9.197	1.378	6.923	11.130
POP_j	17.341	1.280	15.307	19.403
D_{ij}	9.177	0.629	6.862	9.309

6.4.1.2　实证分析及结论

从理论上来说，RCEP 成员国的贸易便利化水平越高，中国对该国的出口额应该越大；RCEP 成员国的经济发展水平越高、人口规模越大，越能促进中国对该国的出口；而中国与 RCEP 成员国间的地理距离可能会阻碍中国对该国的出口。基于此，本书利用 2013—2018 年 12 个国家（除中国、文莱和缅甸）的面板数据，采用 Stata16 进行混合效应（OLS）回归分析，以验证各指标的显著性和具体影响。

OLS 检验得到的回归结果如表 6.9 所示。根据回归结果可以看出，RCEP 成员国的贸易便利化水平越高，越会显著扩大中国对其出口规模。另外，RCEP 成员国的经济规模、人口规模是影响中国出口额的重要因素，随着 RCEP 成员国经济规模、人口规模的增加，中国对该国的出口额就会增加。地理距离也是影响中国出口额的重要因素，中国与 RCEP 成员国的地理距离越小，中国对该国的出口额越大。以上各指标的回归结果符合理论预测。

表 6.9 的第（1）列表示在模型中尚未加入三个控制变量的回归结果，可知贸易便利化水平虽是影响中国出口额的重要因素，但模型整体解释力

较低，修正后的拟合优度仅为 0.1。随后在模型中加入三个控制变量，如表 6.9 中第（2）列所示，贸易便利化指标的显著性和方向并未发生改变，但模型整体解释力度大幅提高，表明加入控制变量后模型解释力有所增强。

表 6.9　混合 OLS 回归结果

变量	（1）X_{ij}	（2）X_{ij}
TFI_j	0.212*** （0.07）	0.180** （0.069）
GDP_j	—	0.436*** （0.102）
POP_j	—	0.786*** （0.056）
D_{ij}	—	−0.540*** （0.115）
常数项	22.818*** （0.413）	9.759*** （1.690）
R^2	0.100	0.843

注：*、**、***分别表示在 10%、5%、1%的水平上显著，括号内为 t 值。

6.4.2　贸易便利化对中国出口增加值的影响

6.4.2.1　模型构建与指标选取

在传统贸易总量统计方法下，一国的贸易水平体现在其产品的出口总额上，但在全球价值链分工的背景下，中间品跨越多个国家，出口总额难以衡量一国真实的贸易水平，以贸易总值为基础的贸易统计已不能反映当前全球价值链背景下的国际贸易的实际情况（耿伟 等，2022；史青 等，2023），因此有必要从出口增加值的角度衡量中国与 RCEP 其他成员国间的贸易关系。

本节在引力模型的基础上，侧重研究 RCEP 成员国贸易便利化对中国出口增加值的影响，此处对上一节的回归模型稍作调整得到实证模型：

$$\ln(EX_{ij}) = \beta_0 + \beta_1\ln(TFI_j) + \beta_2\ln(GDP_j) +$$
$$\beta_3\ln(POP_j) + \beta_4\ln(D_{ij}) + \epsilon_{ij} \tag{6.9}$$

其中，EX_{ij} 表示中国对国家 j 在第 t 期的出口增加值，为被解释变量，数据来源于联合国贸易与发展会议的全球价值链数据库（UNCTAD-Eora），该数据库包含了 1990—2019 年全球 189 个经济体的贸易额增加值。TFI_j 表示国家 j 在第 t 期的贸易便利化水平，为核心解释变量，数据来源于 6.3.2 的测算结果。GDP_j 表示国家 j 在第 t 期的人均国内生产总值，模型中还加入了衡量国家 j 人口规模的指标 POP_j，这两个指标数据来源于世界银行数据库；D_{ij} 表示从北京到国家 j 首都的地理距离，数据来源于 CEPII 数据库，以上三个指标均为控制变量。表 6.10 为所有变量的描述性统计结果。

表 6.10　描述性统计结果

变量	均值	标准差	最小值	最大值
EX_{ij}	15.223	2.425	9.301	17.888
TFI_j	5.425	2.141	0	9.6
GDP_j	9.197	1.378	6.923	11.130
POP_j	17.341	1.280	15.307	19.403
D_{ij}	9.177	0.629	6.862	9.309

6.4.2.2　实证分析及结论

从理论上来说，RCEP 成员国的贸易便利化水平越高，中国对该国的出口增加值也应该越高；RCEP 成员国的经济发展水平越高、人口规模越大，越能提高中国对该国的出口增加值；而中国与 RCEP 成员国间的地理距离可能会阻碍中国对该国的出口增加值的提高。基于此，本书利用 2013—2018 年 12 个国家（除中国、文莱和缅甸）的面板数据，采用 Stata16 进行混合效应（OLS）回归分析，以验证各指标的显著性和具体影响。

OLS 检验得到的回归结果如表 6.11 所示。根据回归结果可以看出，RCEP 成员国的贸易便利化水平越高，越会显著促进中国出口增加值的提高。另外，RCEP 成员国的经济规模、人口规模是影响中国出口增加值的重要因素，随着 RCEP 成员国经济规模、人口规模的增加，中国对该国的出口增加值就会提高。地理距离也是影响中国出口增加值的重要因素，中国与 RCEP 成员国的地理距离越小，越有利于提高中国对该国的出口增加值。以上各指标的回归结果符合理论预测。

表 6.11 的第（1）列表示在模型中尚未加入三个控制变量的结果，可

知贸易便利化水平会显著影响中国对 RCEP 成员国的出口增加值。随后在模型中加入三个控制变量，如表 6.11 中第（2）列所示，贸易便利化指标的显著性和方向并未发生改变，但模型整体解释力度大幅提高，表明加入控制变量后模型解释力有所增强。

表 6.11　混合 OLS 回归结果

	（1）EX_{ij}	（2）EX_{ij}
TFI_j	0.663 *** （6.03）	0.637 *** （4.62）
GDP_j	—	0.592 ** （2.91）
POP_j	—	0.593 *** （2.51）
D_{ij}	—	−0.660 *** （−2.91）
常数项	11.634 *** （18.16）	−8.811 ** （−2.63）
R^2	0.332	0.810

注：*、**、*** 分别表示在 10%、5%、1% 的水平上显著，括号内为 t 值。

通过以上实证分析结果可知，无论是从出口规模，还是出口增加值角度来看，RCEP 成员国的贸易便利化水平越高，越能促进中国出口高质量发展。另外，各成员国的经济规模和人口规模越大，也越会显著促进中国出口高质量发展，而地理距离较远会成为阻碍中国出口高质量发展的因素。在 RCEP《海关程序和贸易便利化》条款的推动下，各成员国贸易便利化水平不断提升，会有效促进中国出口规模扩大和出口增加值提高。

7　RCEP 投资负面清单与中国出口贸易高质量发展

进入 21 世纪以来，全球化在促进世界各国经济发展与贸易往来的同时，也加剧了国家之间、国内各部门之间的不平等现象。特别是疫情暴发以来，世界上主要经济体的经济、贸易和投资增速放缓，逆全球化思潮和贸易保护主义势力不断抬头。在国际投资中，国家间的发展水平各异，优势产业也各有不同，各国为保护国内产业发展和维护国家安全，在部分关乎国计民生的领域设置了一些投资壁垒，现有投资壁垒主要分为审批和监管的壁垒以及国家安全壁垒两个方面，其中前者是东道国对外资流入管制的重要手段，属于投资准入的限制范围；后者指的是当东道国认为外资的投资经营行为对本国的安全性造成潜在的不利影响时，可以对此进行审查与监控，进而实行干预，直至迫使外资退出该领域或退出该国市场。近年来，国际投资壁垒逐渐呈现多样性、复杂性和隐蔽性的特点，已成为跨国企业对外直接投资的障碍。

2020 年 11 月 15 日，RCEP 正式签署，经过各方共同努力，于 2022 年 1 月 1 日起正式生效。作为当前亚洲地区最大的投资协定，RCEP 文本中关于投资的章节自生效以来就受到广泛关注。RCEP 投资规则分为文本规则和负面清单两部分，文本规则主要包括协定第十章（投资）以及第十章的两个附件（习惯国际法和征收）。除文本规则外，RCEP 文本中的附件三（服务和投资保留及不符措施承诺表）列出了各成员国关于投资领域的负面清单。RCEP 投资文本规则和负面清单制度旨在为本地区投资者创造一个更加稳定、开放、透明、便利的投资环境，为本地区吸引外资、促进区域经济发展注入强劲动力，也有助于减少疫情对成员国间相互投资的负面影响。

当前，我国经济发展已由高速增长阶段转向高质量发展阶段，产业的转型升级更新为产业的高质量发展，出口作为拉动经济发展的"三驾马车"之一，其高质量发展也逐渐提上日程。一个国家对外贸易的发展程度，大部分取决于高新技术产品在出口总额中的比重。虽然近些年来我国出口贸易结构不断优化，商品的附加值和科技含量不断提升，但出口商品中具有竞争力的多是传统的劳动密集型产品，如服装、鞋帽、日用品等。我国拥有自主知识产权的产品和高新技术产品占全国出口贸易总额比重较低，且服务贸易在国际市场上的竞争力较弱，发展较为缓慢。RCEP 的正式生效对我国推进贸易高质量发展具有积极意义，我国应抓住 RCEP 提供的广阔平台，在高水平开放中推进贸易高质量发展。

7.1 理论基础

（1）FDI 对出口规模的影响研究。

20 世纪 60 年代以后，发达国家以跨国公司为载体，对外直接投资迅猛发展，西方广大学者对此进行了大量的理论研究。Mundell（1957）最早开始关注国际资本流动与国际贸易的关系，他认为对外直接投资和出口是对外输出的两种方式。在存在国际贸易壁垒的情况下，对外直接投资能实现对出口的完全替代。Buckley 和 Casson（1976）提出了内部化理论，他们认为如果内部化成本小于出口成本，跨国公司可以通过对外直接投资内部化其经济活动以实现收益最大化。Dunning（1977）提出的折衷理论也支持对外直接投资和出口二者存在替代关系。折衷理论认为厂商要从事对外直接投资必须同时具备三个优势，即所有权优势、内部化优势和区位优势。Helpman（1984）将内生经济增长理论开拓性地用于国际贸易和国际投资中，为国际贸易和国际投资理论开辟了新的研究领域，摒弃了传统国际贸易理论中将贸易和投资割裂开来的方式，认为贸易和投资实际上是厂商国际化经营中的不同选择方式，出口或到东道国建立基地所需考虑的因素实际上是相似的。国际贸易可以看作以商品为载体的要素的国际流动，而投资则可以看作以跨国公司为载体的要素的国际流动。

连增和孙艺华（2022）利用中国对外直接投资数据和非洲各国出口贸易数据，探究了中国对外直接投资对非洲东道国出口贸易结构的影响。结果发现，中国对非直接投资使非洲东道国制造业出口比例增加并提高了其出口技术复杂度，为非洲东道国提供了经济内生增长的动力。吴金龙等（2021）基于我国服务业上市企业数据，探讨和分析了我国服务业 OFDI 对服务贸易出口的影响，研究发现，服务业 OFDI 可以通过吸收东道国的先进技术经验，以提升企业生产率水平和避开东道国的服务贸易壁垒，从而降低贸易成本，促进企业服务贸易出口增长。鲍静海和韩小蕊（2021）采用 57 个"一带一路"沿线国家的面板数据，实证分析了我国对外直接投资对出口规模和出口结构的影响，结果表明，对"一带一路"沿线国家的直接投资在一定程度上可以促进出口结构的优化，同时，与相对发达国家相比，对相对欠发达国家进行直接投资产生的出口结构优化作用更为显著。此外，我国对外直接投资对于资本密集型产品的出口拉动作用更为明显。

（2）FDI 对出口竞争力的影响研究。

王恕立和吴楚豪（2020）实证分析了中国制造企业的服务化水平与其出口竞争力的关系，研究发现，制造企业的服务化水平与企业的出口竞争力显著负相关，高技术企业的服务化水平能够显著提升企业的出口竞争力。李骥宇和李宏兵（2018）利用 2003—2015 年 188 个国家的国别投资数据，实证检验了中国对外直接投资对出口竞争力的影响，研究发现，中国对高收入和低收入国家进行直接投资会削弱技术密集型产品的出口竞争力，而对中等收入国家进行直接投资的影响则相反。刘艳和黄苹（2015）根据中国制造业 2000—2011 年的面板数据实证分析了生产者服务进口和生产者服务业 FDI 对制造业出口竞争力的影响，研究发现，生产者服务业 FDI 和生产者服务进口增加，均对资本技术密集型制造业出口竞争力的提升有促进作用，与生产者服务业 FDI 相比，生产者服务进口增加对制造业出口竞争力的促进效应更为明显。孙纲（2010）运用 1987—2007 年的数据，对外商直接投资与我国出口增长的关系进行了研究，并对外商直接投资与我国出口竞争力的关系进行了相关性分析，研究发现，外商直接投资促进了我国出口增长，且对不同类型出口产品竞争力的影响有所不同，它削弱了初级产品的出口竞争力，对我国工业制成品出口竞争力的提升作用较大。杨长志（2009）首先确定了 1995—2004 年中国具有显著比较优势的十个工业行业，在此基础上实证分析了外商直接投资对内资企业出口竞争力的影响，结果发现在绝大多数行业中，内资企业的份额是增加的，FDI 并没有降低这些行业中的内资企业的出口竞争力。外商投资企业更多地进入了中国具有比较劣势的行业，有利于提高我国整体出口竞争力。

（3）FDI 对出口技术复杂度的影响研究。

陶爱萍等（2022）基于 2005—2018 年中国省级面板数据，利用固定效应模型实证检验了双向 FDI、知识产权保护与出口技术复杂度之间的作用机理，研究发现，双向 FDI 对出口技术复杂度产生了积极影响。赖永剑和贺祥民（2021）采用基于倾向得分匹配的倍差法，考察了清洁生产与异质性 FDI 溢出的协同效应对本土企业出口绿色技术复杂度的影响。研究结果表明，清洁生产与合资企业水平溢出的协同效应显著提升了本土企业出口绿色技术复杂度，但与外商独资企业水平溢出无显著的协同效应。陈虹和曹毅（2020）利用主要 OECD 国家和中国 2005—2017 年的跨国面板数据，对双向国际投资对新兴服务贸易领域出口技术复杂度的影响进行实证分析，研究发现，一国对外直接投资水平与新兴服务贸易领域出口技术复杂度呈显著正相关关系，而吸引外商直接投资的水平与出口技术复杂度呈现一定程度的负相关关系。丁一兵和宋畅（2019）从双边贸易的视角构造了"中国—贸易伙伴"双边出口技术复杂度指标，分析中国在贸易伙伴国的出口市场份额与其外商直接投资对中国制造业出口技术升级的作用。研究结果表明，贸易伙伴市场份额的提升和外商直接投资流入对中国制造业出口技术复杂度的总体作用为负，该结论存在出口市场与行业的异质性。韩玉军等（2016）运用 2000—2013 年 OECD 31 个成员国和中国的样本数据，实证检验了服务业外商直接投资与出口技术复杂度之间的关系，结果表明，服务业外商直接投资的增加将会促进出口技术复杂度水平的上升，服务业外商直接投资增加 1%，出口技术复杂度将提高 0.08%。

7.2　投资负面清单影响出口高质量的理论分析

贸易和投资是国际经济领域的两大基石，被许多主流经济学家和国际组织视为全球化、经济增长和工业化的主要引擎，对发展中国家而言尤其如此。长期以来，通过国内市场开放拥抱全球化，吸引大量 FDI 流入本国重点经济部门和地区以带动出口增长，进而开启工业化进程的良性经济循环是许多发展中国家经济发展的典型途径。

7.2.1　竞争效应

竞争效应是指 FDI 进入国内市场后，挤占了国内企业的生存空间。国内企业为了争夺市场份额，不得不学习国外的先进知识，加快技术变革和创新以适应激烈的市场竞争。国内企业为了获得竞争优势，主动学习国外先进技术和管理经验，无形中加快了进口商品的技术溢出，对东道国的技术进步产生了显著的正面影响。RCEP投资便利化措施正式生效后，来自RCEP其他成员国的FDI大量涌入中国市场，其中日本、韩国等经济发展起步较早的国家在高技术制造业和中高技术制造业上具有先发优势，东盟国家由于其人力、土地等成本优势在中低技术制造业和低技术制造业上具有比较优势，因而，FDI进入中国市场后将加剧国内企业的竞争，国内企业在与外商直接投资企业的竞争中将可能处于不利地位，市场份额将会降低，生存空间将会压缩。在这种情况下，国内企业的发展面临两种选择：一是凭借自身优势努力提升技术水平，提高资源的配置效率，生产出更受消费者偏好的产品，以此在激烈的市场竞争中占据主动地位；二是退出行业和市场，这主要是针对自身生产效率低下，在市场竞争中处于劣势的企业。因此，FDI的进入，将加速东道国企业的优胜劣汰，增加企业的发展竞争压力，刺激企业加强技术研发、提高生产效率和产品质量，这将有效促使企业提升技术创新水平，从而推动整个行业、区域和国家层面出口贸易的高质量发展。

7.2.2 模仿示范效应

通过对FDI的先进技术进行学习、消化、吸收以及创新是提升东道国技术水平的重要途径之一。FDI进入东道国，不仅增加了本地企业的竞争力，而且为本地企业提供了模仿和学习的对象，通过"干中学"可以有效提升本地企业的技术创新水平。具体而言，RCEP生效后，涌入中国市场的外商直接投资企业为国内企业带来了潜在的模仿和学习对象。部分国内企业由于发展意识不强，无法与国外企业形成有效的协作和联动机制，FDI的进入相当于架起了本地企业和国外企业技术交流的桥梁，在一定程度上能够有效指引本地企业开展技术研发活动，从而促进本地企业技术水平的提升。来自日、韩等发达国家的外商直接投资企业生产的产品和服务可能包含更高的技术含量，国内企业可以通过对其生产的产品进行解构，探究其产品生产的技术构成，分析其产品的生产过程，从而实现对FDI先进技术的学习、消化和吸收，这为国内企业冲破外国先进技术封锁提供了可能，从而有利于推动贸易的高质量发展。此外，RCEP的生效也为我国企业的对外直接投资提供了助力，有效规避了 RCEP 其他成员国对我国企业的投资壁垒。中国企业在对外直接投资时可以将投资目标转向 RCEP 成员国中的发达国家，在投资后积极与当地企业沟通交流，实现先进技术、管理经验的溢出效应，并在学习之后将相关技术人员送回国内，实现技术和经验的升级，从而促进本国出口技术复杂度的提升。

7.3　RCEP 成员国投资负面清单制度

RCEP 文本中第十章为投资章节，其中的服务和投资保留及不符措施承诺表对负面清单的基本纪律作出了详细规定。RCEP 生效后，要求各成员国在市场准入等方面给予其他成员国投资者非歧视的待遇，除非该成员国在服务和投资保留及不符措施承诺表中作出规定。引入"准入前国民待遇+负面清单"制度是 RCEP 投资规则达成的最重要成果之一，协定规定成员国仅允许通过负面清单列出与本国在投资章节所承诺的国民待遇、最惠国待遇、禁止业绩要求、高级管理人员和董事会义务不符的措施，投资章节的其他义务不能通过负面清单进行保留。RCEP 投资负面清单涉及的行业包括农业、林业、渔业、畜牧业、采矿业和制造业。有关服务业的保留条款列示在 RCEP 附件二的服务具体承诺表内，其中澳大利亚、文莱、日本、韩国、马来西亚和新加坡采取了投资和服务合一的负面清单模式。

RCEP 附件三中的投资保留和不符措施承诺表列出了各成员国关于投资领域的不符措施清单。根据不同的适用规则，投资负面清单分为清单一和清单二两类。清单一中列示的是现存的不符措施，这些措施在过渡期内适用冻结规则，过渡期满适用棘轮规则。冻结规则是指各成员国在协定对其生效后，对现存不符措施的修改不能低于 RCEP 负面清单承诺水平。棘轮规则是指各成员国在协定对其生效后，对现存不符措施的任何修改，只能比修改前减少对外资的限制，而不能降低修改前外资已享受的待遇。由此可见，棘轮规则比冻结规则更为严格，其实质含义是各成员国承诺列入清单内的外资政策措施不会倒退，以为投资者提供更稳定的投资环境和更高水平的保护。根据 RCEP 第十章（投资）第八条的规定，大部分成员国过渡期为 5 年，最不发达国家和个别成员国豁免适用棘轮规则。此外，为提高透明度，清单一内措施须列出具体的国内法依据。清单二中列示的是各成员国的一些敏感领域，表明该成员国对此领域的外资进入持谨慎态度，对此保留完全的政策空间，以后可以采取更严格的、更具限制性的措施以限制外资进入。

图7.1和图7.2分别展示了RCEP各成员国在清单一和清单二中不符措施的数量。不符措施的数量在一定程度上可以反映该成员国国内市场的开放程度。从图7.1中可以看出，清单一中不符措施数量最多的国家是日本，文莱的不符措施数量也相对较多，数量最少的国家为越南，仅对外资提出三项限制条件。各成员国之间的数量差异较大，并没有表现出明显的规律性。一般来说，发达国家由于国内市场开放程度较高，不符措施的数量应少于发展中国家，但清单一中日本、韩国和新加坡的不符措施数量明显高于其他发展中国家，其原因可能在于发达国家相较于发展中国家的行业划分更加细化，对外资的限制更加具体，不符措施的数量因此较多；而发展中国家对行业的划分相对笼统，不符措施的数量因此相对较少。

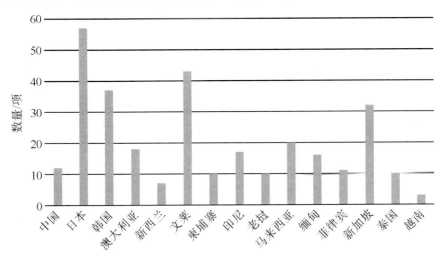

图7.1　RCEP成员国在清单一中不符措施的数量

数据来源：经RCEP文本整理得来。

从图7.2可以看出，韩国、文莱、马来西亚和新加坡的不符措施数量较多。在清单二中保留更多的不符措施，意味着这些成员国保留了较多本国在未来时期采取更具限制性外资进入政策的权利，对投资领域的开放持审慎态度。中国、柬埔寨、菲律宾的不符措施的数量相对较少。中国作为全球最具吸引力的投资目的地之一，为外资企业提供了广阔的发展机遇和空间，一直以来在吸引外资和推动高水平开放方面不遗余力。柬埔寨实行较为宽松的外商投资政策，市场准入限制较少，负面清单中不符措施的数量也相应较少。

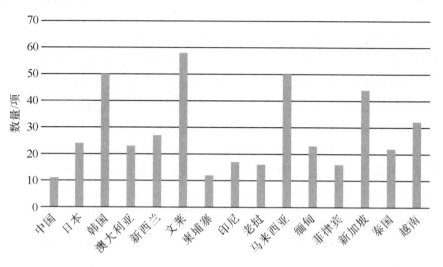

图 7.2　RCEP 成员国在清单二中不符措施的数量

数据来源：经 RCEP 文本整理得来。

7.4　投资负面清单对中国出口贸易高质量发展的影响分析

7.4.1　评估方案设定

本节仍然采用 GTAP10 数据库评估 RCEP 生效后负面清单制度的经济影响。GTAP10 数据库包含全球 141 个国家和 65 个部门的投入产出、税收和贸易等数据，为简化分析，本节内容依旧采用和关税减让部分相同的区域划分和部门划分。在区域划分方面，将 141 个国家划分为中国、日本、韩国、澳大利亚、新西兰、东盟 10 国、美国、印度、加拿大、俄罗斯、欧盟 27 国和世界其他国家（地区）12 个类别。在部门划分方面，将 65 个部门按照技术复杂度重新划分为农林牧渔业、矿业、低技术制造业、中低技术制造业、中高技术制造业、高技术制造业、公用事业、交通运输业和服务业 9 个部门。另外，为保证分析的准确性，本书将 RCEP 正式生效的前一年 2021 年设定为模型的基准时间，依据动态递归方法将 GTAP10 数据外推升级，并对其中的税率进行更新校准（具体方法见第 5 章）。

　　RCEP 生效后，投资负面清单制度的实施会使大量外资涌入各成员国，在技术溢出、逆向技术溢出和竞争效应的作用下，各成员国的生产效率和技术创新水平都不断提高，进而对出口高质量发展起到积极的促进作用。因此，本书通过改变要素投入技术（afereg）的参数设定，模拟负面清单制度的实施对我国及 RCEP 其他成员国的经济影响。考虑到 RCEP 第十章（投资）中给予各成员国 5 年的过渡期，本节内容分别设定了短期和长期两种情形。短期情形为协定生效的过渡期内，设定要素投入参数提高 3%；长期情形为 5 年过渡期结束后的正式生效期，设定要素投入参数提高 5%。

7.4.2　短期评估结果分析

　　表 7.1 展示了 RCEP 投资负面清单制度生效对各经济体宏观变量的短期影响。

表 7.1　各经济体宏观经济变动情况

国家 （地区）	GDP /%	进口 /%	出口 /%	净出口 /亿美元	EV /亿美元
中国	2.97	1.63	3.43	539.05	4 284.77
日本	3.03	4.76	−4.75	−513.39	1 452.50
韩国	3.00	2.57	1.76	−34.65	505.06
澳大利亚	3.02	3.46	1.22	−48.41	456.86
新西兰	3.04	3.37	1.13	−8.80	54.32
东盟	3.01	2.75	1.95	−72.38	670.12
美国	0	0.29	0.29	119.20	32.64
加拿大	0.01	0.11	−0.02	21.29	5.98
印度	0	0.20	0.15	3.14	−0.44
俄罗斯	0.01	0.22	0.08	−15.42	2.11
欧盟	0.01	0.03	−0.04	−1.52	30.62
其他	0.01	0.18	0.05	11.89	50.58

　　数据来源：经 RUNGTAP 输出结果整理而得。

　　由表 7.1 可知，就 GDP 而言，投资负面清单制度的实施使得 RCEP 成员国的 GDP 增长幅度约为 3%，其中新西兰的 GDP 增长幅度最大，为

3.04%，中国的 GDP 增长幅度最小，为 2.97%，但总体差异较小，基本保持在 3% 左右，说明 RCEP 投资负面清单制度的实施给成员国带来了无差别的经济效益。对于非 RCEP 成员国而言，RCEP 投资负面清单制度的实施对其 GDP 的影响甚微，但均不为负，这也可以进一步说明 RCEP 的成立始终秉持平等、合作、共赢的理念，不以损害其他非 RCEP 成员国利益为代价谋求自身发展。就进口而言，RCEP 投资负面清单制度的实施显著扩大了成员国的进口规模，其中日本和澳大利亚的增长幅度最大，中国和东盟的增长幅度相对较小。RCEP 投资负面清单制度的实施对于非 RCEP 成员国的进口规模扩大也有小幅促进作用，非 RCEP 成员国中对美国的进口促进作用最为明显，增长幅度为 0.29%，原因可能是 RCEP 成员国生产效率的提高使得本国产品在国际市场上处于比较优势地位，促进了 RCEP 成员国对非 RCEP 成员国的产品出口。在出口方面，RCEP 投资负面清单制度的实施扩大了除日本以外的其他成员国的出口贸易规模，中国的出口贸易额增长幅度最大，为 3.43%，非 RCEP 成员国中除加拿大和欧盟外，其他国家的出口贸易额均获得小幅度提升，原因可能在于负面清单的实施使 RCEP 成员国的生产效率和技术创新水平不断提高，无形中对非 RCEP 成员国形成一种压力，非 RCEP 成员国为应对外部挑战不得不寻求技术变革，提高产品质量以促进产品出口。在净出口方面，RCEP 投资负面清单制度的实施仅使得中国的净出口额增加 539.05 亿美元，RCEP 其他成员国的净出口额均有所下降，其中日本的下降幅度最大。非 RCEP 成员国中美国、加拿大和印度的净出口额获得不同程度的提升，俄罗斯和欧盟在 RCEP 投资负面清单的作用下净出口额有所下降。就福利水平而言，RCEP 投资负面清单制度的实施显著提升了成员国的福利水平，其中中国的福利水平提升幅度最大，净增长 4 284.77 亿美元，日本位列第二，新西兰提升幅度最小，仅为 54.32 亿美元。RCEP 负面清单制度的实施并未对非 RCEP 成员国的福利水平造成较大冲击，非 RCEP 成员国中仅印度的福利水平受损，损失 0.44 亿美元。

表 7.2 展示了各经济体按技术复杂度划分的各行业贸易受 RCEP 投资负面清单制度生效影响的短期模拟结果。

表 7.2　各经济体贸易额变动情况

单位:%

国家 (地区)	低技术制造业		中低技术制造业		中高技术制造业		高技术制造业	
	进口	出口	进口	出口	进口	出口	进口	出口
中国	0.91	3.50	1.69	3.53	0.88	4.11	2.28	2.81
日本	5.58	-5.19	4.57	-3.73	7.25	-5.79	5.34	-7.64
韩国	2.38	1.91	2.30	1.98	2.65	1.74	2.75	1.42
澳大利亚	3.84	-0.11	3.30	0.49	3.49	-0.21	3.69	-2.51
新西兰	3.03	0.90	3.09	1.50	3.83	1.10	4.00	-1.31
东盟	2.20	2.05	2.84	2.15	3.48	2.49	2.43	0.96
美国	0.73	-0.46	0.18	-0.01	0.23	0.07	0.67	-1.28
加拿大	0.40	-0.82	0.07	-0.23	0.08	-0.26	0.15	1.68
印度	0.68	-0.51	0.25	0.13	0.55	0.04	0.69	-1.54
俄罗斯	0.62	-0.36	0.25	-0.07	0.22	-0.29	0.51	-2.11
欧盟	0.13	-0.60	-0.03	-0.20	0.07	-0.19	0.03	-1.82
其他	0.43	-0.65	0.10	-0.04	0.20	-0.22	0.43	-1.90

数据来源:经 RUNGTAP 输出结果整理而得。

由表 7.2 可知,RCEP 投资负面清单制度生效后,RCEP 成员国的进出口贸易额变动幅度较大,非 RCEP 成员国的进出口贸易额变动幅度较小,变动幅度鲜少超过 1%。就低技术制造业而言,中国进口贸易额增长了0.91%,增长幅度为 RCEP 成员国中最低,但中国凭借强大的出口能力使得出口贸易额提升了 3.5%,位列 RCEP 成员国第一;负面清单制度的实施对日本的影响则与中国相反,其低技术制造业进口贸易额提升幅度为RCEP 成员国中最高,但出口贸易则受到较大冲击,出口贸易额下降了5.19%;其他非 RCEP 成员国的进口贸易额均获得小幅度提升,出口贸易额均有小幅度下降。就中低技术制造业而言,RCEP 投资负面清单制度生效后,中国的进口贸易额增加 1.69%,出口贸易额增加 3.53%;日本的进口贸易额增长幅度最大,但其出口贸易额为 RCEP 成员国中唯一有所下降的;RCEP 其他成员国中低技术制造业进出口额均有不同幅度的增长;RCEP 投资负面清单制度的实施小幅提升了非 RCEP 成员国的进口贸易额,但出口贸易额均受到冲击呈现小幅降低的趋势。就中高技术制造业而言,

RCEP 负面清单制度生效后，中国此类商品的进口贸易额增加了 0.88%，出口贸易额增加了 4.11%，说明 RCEP 负面清单制度的实施显著促进了中国中高技术制造业的出口，有助于推动中国出口贸易高质量发展；RCEP 投资负面清单制度的实施对其他成员国的进口促进作用较为显著，对出口的影响则表现不一，降低了日本和澳大利亚的出口贸易额，对韩国、新西兰和东盟表现出小幅的出口促进作用；另外，负面清单制度对非 RCEP 成员国进出口贸易额的影响较为有限。就高技术制造业而言，RCEP 成员国此类商品的进口贸易额受到 RCEP 投资负面清单制度实施的影响均呈现上升态势，日本、澳大利亚和新西兰的出口贸易额有所降低；中国进口贸易额增长 2.28%，出口贸易额增长 2.81%。RCEP 投资负面清单制度的实施对高技术制造业出口的提升作用，有利地促进了中国出口贸易的高质量发展。

表 7.3 为 RCEP 投资负面清单制度生效后中国对贸易伙伴国的制造业贸易额变动的短期模拟结果。

表 7.3　中国对各贸易伙伴国制造业贸易额变动情况

单位:%

国家 （地区）	低技术制造业		中低技术制造业		中高技术制造业		高技术制造业	
	进口	出口	进口	出口	进口	出口	进口	出口
日本	-4.81	7.10	-3.22	6.55	-4.89	8.69	-6.69	5.98
韩国	2.06	4.26	2.37	5.03	2.77	5.84	2.23	3.81
澳大利亚	-0.22	5.54	0.97	5.45	0.59	6.54	-0.95	4.59
新西兰	1.00	5.26	1.60	5.34	1.36	7.41	0.32	5.07
东盟	2.34	3.81	2.39	4.93	2.62	6.20	2.10	3.88
美国	-0.01	2.67	1.28	2.70	1.18	3.34	0.32	1.76
加拿大	0.03	2.77	1.31	2.69	1.26	3.30	0.46	1.52
印度	0.18	2.66	1.37	2.51	1.30	2.86	0.54	1.52
俄罗斯	0.07	2.84	1.27	2.70	1.19	3.37	0.17	1.69
欧盟	-0.03	3.39	1.23	2.94	1.13	3.46	0.29	2.14
其他	0.01	2.99	1.22	2.70	1.16	3.21	0.23	1.80

数据来源：经 RUNGTAP 输出结果整理而得。

由表 7.3 可知，RCEP 投资负面清单制度的实施使中国对 RCEP 成员国和非 RCEP 成员国的出口贸易额均有显著提升，且在 RCEP 成员国中表现得更为明显。就低技术制造业而言，在 RCEP 成员国中，中国对日本的出口贸易额增长幅度最大，为 7.10%；对东盟的出口贸易额增长幅度最小，仅有 3.81%，原因可能在于低技术制造业已转移到东盟国家；中国对非 RCEP 成员国在此类产品出口上的影响较为均衡，出口贸易额提升幅度基本保持在 3% 左右。就中低技术制造业而言，中国对日本的出口贸易额增长幅度最大，对韩国、澳大利亚和新西兰增长幅度基本一致，对东盟国家最低；中国对非 RCEP 成员国的出口贸易额增长幅度相对均衡，为 2.5%~3%。就中高技术制造业而言，中国对日本的出口贸易额增长幅度最大，对新西兰次之，对韩国最低；中国对非 RCEP 成员国的出口贸易额提升幅度除印度外，均大于 3%。就高技术制造业而言，中国对日本和新西兰的出口贸易额增长幅度较大，对韩国的增长幅度较低；中国对非 RCEP 成员国的出口贸易额增长幅度并未表现出较大的差异性，基本保持在 2% 左右。

7.4.3 长期评估结果分析

表 7.4 为 RCEP 投资负面清单制度 5 年过渡期结束后各经济体宏观经济变动的模拟情况。

表 7.4　各经济体宏观经济变动情况

国家 （地区）	GDP /%	进口 /%	出口 /%	净出口 /亿美元	EV /亿美元
中国	4.95	2.72	5.71	898.42	7 141.29
日本	5.05	7.93	−7.91	−855.65	2 420.83
韩国	5.01	4.28	2.93	−57.75	841.77
澳大利亚	5.03	5.77	2.03	−80.69	761.44
新西兰	5.06	5.62	1.88	−14.67	90.53
东盟	5.01	4.58	3.25	−120.64	1 116.86
美国	0.01	0.49	0.49	198.67	54.40
加拿大	0.02	0.19	−0.03	35.48	9.97
印度	0.01	0.33	0.25	5.24	−0.73
俄罗斯	0.01	0.37	0.13	−25.70	3.52

表7.4(续)

国家 （地区）	GDP /%	进口 /%	出口 /%	净出口 /亿美元	EV /亿美元
欧盟	0.02	0.05	-0.07	-2.53	51.03
其他	0.02	0.31	0.09	19.81	84.30

数据来源：经 RUNGTAP 输出结果整理而得。

由表7.4可知，相较于 RCEP 投资负面清单制度生效的短期模拟情况而言，RCEP 投资负面清单制度 5 年过渡期结束后对成员国的 GDP、进出口额和福利水平的促进作用更为明显。就 GDP 而言，RCEP 投资负面清单制度的实施可能促使 RCEP 成员国的 GDP 水平提高 5% 左右，其中新西兰的 GDP 增长幅度最大，中国的 GDP 增长幅度最小；而对非 RCEP 成员国的 GDP 几乎不产生影响。就进口而言，RCEP 投资负面清单制度的实施对各经济体的贸易规模都有促进作用，且对 RCEP 成员国的进口贸易促进作用明显大于非 RCEP 成员国。RCEP 投资负面清单制度的实施对各经济体出口贸易规模的影响则较为复杂，RCEP 成员国中日本的出口贸易额减少 7.91%，其余 RCEP 成员国的出口贸易额则表现出不同程度的增长，中国的出口贸易额增长幅度最大。就净出口而言，RCEP 投资负面清单制度的实施使得中国的净出口额增加 898.42 亿美元，其余 RCEP 成员国的净出口额均有所下降；非 RCEP 成员国中除俄罗斯和欧盟的净出口额表现为小幅下降外，其余国家的净出口额均有所提升。就福利水平而言，RCEP 负面清单制度 5 年过渡期结束后成员国的福利水平显著提升，其中中国的福利水平提升幅度最大；非 RCEP 成员国中仅印度的福利水平受损，损失 0.73 亿美元，其余国家的福利水平并未受到 RCEP 投资负面清单制度生效的冲击，相反呈现出小幅增长的态势。

表 7.5 为 RCEP 投资负面清单制度 5 年过渡期结束后各经济体贸易额变动的模拟情况。

表 7.5　各经济体贸易额变动情况

单位:%

国家 （地区）	低技术制造业		中低技术制造业		中高技术制造业		高技术制造业	
	进口	出口	进口	出口	进口	出口	进口	出口
中国	1.52	5.83	2.82	5.89	1.47	6.85	3.80	4.68

表7.5(续)

国家（地区）	低技术制造业		中低技术制造业		中高技术制造业		高技术制造业	
	进口	出口	进口	出口	进口	出口	进口	出口
日本	9.30	−8.65	7.62	−6.21	12.09	−9.65	8.90	−12.73
韩国	3.91	3.19	3.84	3.30	4.42	2.90	4.58	2.37
澳大利亚	6.40	−0.19	5.51	0.82	5.81	−0.35	6.14	−4.19
新西兰	5.06	1.51	5.15	2.49	6.38	1.84	6.66	−2.19
东盟	3.67	3.41	4.73	3.59	5.80	4.15	4.04	1.61
美国	1.22	−0.77	0.30	−0.02	0.39	0.11	1.12	−2.13
加拿大	0.66	−1.36	0.11	−0.38	0.13	−0.44	0.24	−2.81
印度	1.14	−0.84	0.42	0.22	0.91	0.06	1.15	−2.57
俄罗斯	1.03	−0.60	0.42	−0.11	0.36	−0.48	0.85	−3.52
欧盟	0.21	−1	−0.05	−0.33	0.12	−0.32	0.06	−3.03
其他	0.71	−1.09	0.16	−0.07	0.33	−0.37	0.72	−3.16

数据来源：经 RUNGTAP 输出结果整理而得。

由表7.5可知，相较于 RCEP 投资负面清单制度生效的短期模拟情况而言，RCEP 投资负面清单制度 5 年过渡期结束后，其对 RCEP 成员国四种类别的制造业贸易额的提升作用更为明显。就低技术制造业而言，中国进口贸易额增长 1.52%，增长幅度为 RCEP 成员国中最低，出口贸易额增长幅度为 5.83%，位列 RCEP 成员国第一；RCEP 成员国中日本的情况则与中国不同，其进口贸易额提升幅度在 RCEP 成员国中最大，出口贸易额则显著降低；RCEP 其他成员国的进口贸易额呈现不同程度的增长态势，出口贸易额除澳大利亚小幅降低外均有所提升。就中低技术制造业而言，中国的进口贸易额增长 2.82%，出口贸易额增长 5.89%；日本进口贸易额大幅增长，出口贸易额却大幅下降；RCEP 其他成员国的进出口额均有所增长；除欧盟国家以外的其他非 RCEP 成员国的进口贸易额有小幅度的提升，出口贸易额除印度外均有所下降。就中高技术制造业而言，中国进口贸易额提升 1.47%，出口贸易额提升 6.85%；RCEP 其他成员国的进口贸易额也有显著提升，出口的变化则表现不一，日本和澳大利亚的出口贸易额有所下降，RCEP 其他成员国的出口贸易额表现为小幅增长。就高技术制造业而言，中国的进口贸易额增长 3.8%，出口贸易额增长 4.68%；

RCEP 其他成员国的进口贸易额均呈现出不同程度的增长态势，日本、澳大利亚和新西兰的出口贸易额小幅下降；非 RCEP 成员国的进口贸易额均有所提升，出口贸易额均有所下降。总之，RCEP 投资负面清单制度 5 年过渡期结束后，预计中国中高技术制造业和高技术制造业的出口贸易额显著增加，对中国出口贸易的高质量发展有积极的促进作用。

表 7.6 为 RCEP 投资负面清单制度 5 年过渡期结束后中国对贸易伙伴国的制造业贸易额变动的模拟结果。

表 7.6 中国对各贸易伙伴国制造业贸易额变动情况

单位：%

国家（地区）	低技术制造业		中低技术制造业		中高技术制造业		高技术制造业	
	进口	出口	进口	出口	进口	出口	进口	出口
日本	−8.01	10.02	−5.37	10.92	−8.15	14.49	−11.14	9.97
韩国	3.43	8.43	3.95	8.39	4.62	9.73	3.71	6.34
澳大利亚	−0.36	7.64	1.62	9.08	0.99	10.91	−1.59	7.65
新西兰	1.66	8.51	2.67	8.91	2.26	12.34	0.53	8.45
东盟	3.90	7.33	3.98	8.22	4.37	10.33	3.51	6.46
美国	−0.02	3.58	2.13	4.50	1.97	5.57	0.54	2.93
加拿大	0.04	3.37	2.18	4.48	2.10	5.50	0.77	2.53
印度	0.30	3.15	2.28	4.19	2.17	4.77	0.90	2.54
俄罗斯	0.12	3.71	2.12	4.50	1.98	5.61	0.28	2.81
欧盟	−0.04	3.46	2.04	4.90	1.88	5.77	0.48	3.56
其他	0.02	3.69	2.04	4.50	1.94	5.36	0.38	3.00

数据来源：经 RUNGTAP 输出结果整理而得。

由表 7.6 可知，和 RCEP 投资负面清单制度生效的短期模拟结果相比，5 年过渡期结束后，投资负面清单制度的实施使中国对伙伴国的贸易促进效应更为显著。从表 7.6 中不难看出，RCEP 投资负面清单制度 5 年过渡期结束后，其对中国出口贸易的促进作用要大于进口贸易，对 RCEP 成员国的贸易促进作用要大于非 RCEP 成员国。就低技术制造业而言，中国对 RCEP 成员国的出口贸易额提升幅度相差不大，基本为 8%~10%；其中对日本的出口贸易额增长幅度最大，对东盟增长幅度最小；中国对非 RCEP 成员国的出口贸易额也受到 RCEP 投资负面清单制度实施的影响均有所提升。中低技术制造业和低技术制造业模拟结果类似，中国对 RCEP 成员国的出口贸易额显著提升，对非 RCEP 成员国的出口贸易额也有一定的提升作用，但提升幅度小于 RCEP 成员国。就中高技术制造业而言，除韩国外，中国对 RCEP 其他成员国的出口贸易额提升幅度均高于 10%，其中对日本的出口贸易额增长幅度最大；中国对非 RCEP 成员国的出口贸易额也有小幅提升，但提升幅度远不及 RCEP 成员国。就高技术制造业而言，中国对 RCEP 成员国的出口贸易额显著上升，对日本的出口贸易额增长幅度最大，出口至韩国的商品贸易额增长幅度最小；中国出口至非 RECP 成员国的贸易额也呈现小幅上升的态势。

8 RCEP 经济技术合作与中国出口贸易高质量发展

经济技术合作是 RCEP 文本中的重要内容之一，RCEP 文本中第十五章对"经济与技术合作"作出了一些原则性规定，其中提出的八个条款涵盖了各个成员国之间经济技术合作的目标、范围、资源与工作计划等内容。经济技术合作可以最大限度地减少 RCEP 成员国之间资源的重复使用，实现 RCEP 成员国与其自由贸易伙伴之间的互惠互利最大化，从而达到通过工作计划来明确与贸易或投资相关的经济技术合作活动，促使 RCEP 高效实施的目的。当前关于国际经济技术合作的定义，主要分为广义与狭义两种：广义的国际经济技术合作是指所有跨国往来的经济活动，包括各国之间的商品贸易、服务贸易以及其他各种形式的经济往来；狭义的国际经济技术合作是指在各个主权国家（或地区）政府、国际经济组织之间发生的、在自愿平等互惠的基础上侧重于在生产领域内进行的、以生产要素的国际流动和重新组合配置为主要内容的各种形式的经济技术往来活动，即在资本、劳务、技术、管理等领域进行的合作行动（程永生，1999）。RCEP 框架下的经济技术合作更多的是指狭义的经济技术合作，但是与一般意义上的国际经济合作相比又增添了特殊内涵，RCEP 框架下的经济技术合作进一步拓宽了经济技术的合作范围，增加了电子商务、知识产权与中小企业等领域，在工作计划中优先考虑向发展中国家缔约方和最不发达国家缔约方提供能力建设和技术援助。加强我国与 RCEP 其他成员国之间的经济技术合作和知识共享，有助于充分释放 RCEP 各成员国的整体创新潜力，全面深化贸易合作伙伴关系；在经济技术合作方面向发展中国家和最不发达国家提供能力建设和技术援助，有利于缩小缔约方之间的发展差距以实现协定的互惠互利最大化，与"一带一路"倡议的发展方向与目标也不谋而合。

8.1 中国与 RCEP 成员国技术合作现状

8.1.1 中国—东盟技术合作现状

8.1.1.1 中国—东盟技术合作概况

1994 年中国—东盟科技合作联委会的正式成立是中国与东盟科技合作的开端，2012 年中国—东盟科技伙伴计划正式启动，中国积极同东盟国家开展科技人文交流、共建联合实验室和联合研究中心、开展技术转移和科技园区合作，此举意味着中国与东盟的技术合作又迈上了一个新台阶。2018 年 4 月，在北京举行的"中国—东盟创新年"启动仪式暨中国—东盟创新论坛，是中国与东盟技术合作取得的又一项突破性成果，时任总理李克强和东盟轮值主席国新加坡总理李显龙致贺信；同年 11 月，第 21 次中国—东盟领导人会议发表了《中国—东盟科技创新合作联合声明》；2021 年 11 月，习近平主席在中国—东盟建立对话关系 30 周年纪念峰会上提出，中国将启动科技创新提升计划，向东盟提供 1 000 项先进适用技术，未来 5 年支持 300 名东盟青年科学家来华交流；2021 年 12 月，中国—东盟科技创新部长特别会议以视频方式举行，并发布了《中国—东盟建设面向未来更加紧密的科技创新伙伴关系行动计划（2021—2025）》。具体而言，中国—东盟的技术合作内容主要包括以下三个方面：第一，加强科技人文交流，例如制定杰出青年科学家来华工作计划，支持东盟国家的青年科学家来华交流，向东盟国家举办先进适用技术及科技管理培训班。第二，建设联合实验室与科技园区，我国已经与柬埔寨、印尼、老挝、马来西亚等国建成十个国家级双边联合实验室平台，与泰国、菲律宾、印尼等启动园区合作磋商，积极开展政策交流、企业对接等活动。第三，促进技术转移合作，建立中国—东盟技术转移中心和双边技术转移中心工作机制。

东盟虽然被视作一个完整的经济体，但是其各个成员国的发展情况有较大差异，因此面对东盟国家因资源禀赋与产业结构的不同而产生的异质性，中国与不同东盟国家技术合作的重点领域与方式也不尽相同。印尼是东盟第一大经济体，在东盟国家中扮演"领头羊"的角色。多年来，印尼与中国之间通过互派留学生和专家加强科技合作，当前中国已经成为印尼最大的留学目的地。在职业教育领域，中国为印尼的学生与工人提供技术支持，帮助其建立技能人才培养系统。2023 年国务院批复同意设立中国—印度尼西亚经贸创新发展示范园区，为两国科学界、企业家的科技合作搭建了新平台[①]。新加坡作为首个与我国签订全面自由贸易协定的东盟国家，是我国重要的贸易投资合作伙伴，在中美科技长期竞争的背景下，我国充分重视与新加坡这样的"关键小国"的技术合作，2008 年签署的《中新自由贸易协定》开始推动两国在技术合作领域更深层次、更全面的发展。随着"一带一路"倡议的推进，2019 年两国签订了升级版的协定书，新加坡港务集团与中国企业远景智能签署合作备忘录，在人工智能和物联网等技术领域开展合作，大大提高了新加坡港口运营能源效率，使得两国技术合作踏上了新征程。泰国作为具有一定工业基础的国家，与我国的技术合作多在绿色技术领域展开。中国在践行"减少碳排放"理念的同时，对泰国提供绿色技术助力可持续发展，主要的合作项目包括：长城汽车泰国罗勇工厂于 2021 年正式投产，通过与当地电力能源机构进行合作，在泰国建设了覆盖率超过 50% 的公共充电网络；中国能建山西院联合总承包的在泰国建立的世界上最大的水电和浮体光伏综合能源电站，全面提升了泰国电力的自主供应能力；中国的无人驾驶与 5G 技术在泰国经济中心地带"东部经济走廊"兰乍邦港的运转中发挥了重要作用，该港口是泰国最大的集装箱深海港口和物流枢纽；中国科技企业进入泰国市场在提升当地研发能力方面发挥了重要作用，例如中国科学院曼谷创新合作中心、华为公司开放实验室为双方开展高水平数字合作提供了科技、人力资源支持，中兴通讯为泰国数字社会转型量身定制了智慧社会解决方案。在中国与马来西亚的技术合作方面，中国对马来西亚的榴莲种植服务提供了一系列支持，2019 年阿里云打造的智能化平台为马来西亚的榴莲种植提供了一系列专业的指导方案，还为其提供了实现本土化的生活生产技术。除此之外，中国也为菲律宾提供了农业种植的数字化方案，促使其农业技术升级；2021 年2 月"中国—菲律宾 2021 年科技合作联合研究项目"正式启动，此次启动的八个研究项目包含了农业、疾病防控、绿色能源及病毒学等多个领域，由中菲两国科技部共同资助并推动落实。对于东盟其他国家，如柬埔寨、老挝、缅甸这类国际公认的最不发达的地区，中国主要以提供基础设施援助为主，通过开展柬埔寨、老挝、缅甸东亚减贫示范合作技术援助项目，

---

① 资料来源：https://www.gov.cn/zhengce/content/2023-01/19/content_5737964.htm。

更好地促进三国经济发展。

8.1.1.2　中国—东盟数字技术合作

随着大数据、云计算、人工智能、区块链等前沿技术的快速发展，以新一代 ICT（information and communication technology）技术为基础的数字技术已经成为新一轮科技革命的重要基础，成为世界各国经济增长的重要引擎，世界各国均致力于探索数字技术国际合作的新方法与新模式。作为推动全球价值链重构与区域价值链整合的重要手段，数字技术的深化与推动对于我国经济转型与摆脱全球价值链中的低端地位具有重大意义，同时对于东盟各个国家而言，抓住以数字技术为代表的第四次工业革命的历史机遇，不仅有助于实现"弯道超车"，也可以加速推进本国的数字工业化，实现经济的跨越式发展。作为一项互利共赢的技术，中国与东盟表现出强烈的合作意愿，凭借地缘相近、人缘相亲、文缘相通、商缘相连的优势在数字技术的各个领域展开了一系列的合作项目，其合作方式主要有三种：第一，签署行动计划与倡议。2020 年双方签订《中国—东盟关于建立数字经济合作伙伴关系的倡议》，2022 年双方通过《落实中国—东盟数字经济合作伙伴关系行动计划（2021—2025）》，2023 年 2 月，双方加速推进中国—东盟自由贸易区 3.0 版谈判进程，致力于在跨境电商、人工智能、智慧城市等数字技术方面开展新的合作。第二，在数字技术研发方面，中国主要通过在东盟国家投资建立数据中心的方式支持东盟数字经济发展，如在老挝、柬埔寨、缅甸等国家建立海外云计算中心，在马来西亚建立首座人工智能产业园，新加坡国立大学与苏州工业园区共建"新国人人工智能创新及育成中心"等。第三，基础工程项目的技术合作，包括中国面向印尼、老挝等国开展了北斗应用系列活动，在泰国打造了泰国 5G 智能示范工厂，以及中泰双方共建的新海底光缆项目顺利实现了中泰宽带联通。

8.1.2　中国—日本技术合作现状

1998 年《中日关于在科学与产业技术领域开展交流与合作的协定》签订以来，中日合作研发进程加速前进，中日科技合作的演进历程具体分为三个阶段：第一阶段是改革开放以来至 20 世纪末，当前日本在技术、资本等生产要素方面具有更大的优势，此时的技术合作更多的是单向投资，具体表现为中国从日本大量引进通用计算机系统、彩电、冰箱等先进技术，富士通、松下电器、东芝等均在华成立独立研发企业（邓美薇 等，2022），日本企业与中国高校也展开了深度研发合作。第二阶段是进入 21 世纪以来，两国的技术合作逐渐演化为"双向交流"，合作方式也从单纯的学术交流向跨国产学研联合体转变，中国自然科学基金委员会与日本科学技术振兴机构、日本学术振兴会签署学术合作备忘录，联合征集并资助合作项目，极大地丰富了两国学者共创的科研成果。第三阶段是合作调整期，2012 年受到钓鱼岛争端事件的影响，中日政治关系紧张，此后日本为追随美国的对华政策，其对华的科技防范不断升级，对中国高科技发展的警惕性也在不断上升，中日在前沿技术领域的官方实质性合作项目较少。这一时期中国在主动加强与日本的科技合作，2019 年 4 月在北京召开的中日创新合作机制第一次会议是近年来中日双方技术合作的重要推进。

8.1.3　中国—韩国技术合作现状

中韩两国于 1992 年 8 月 24 日建交，两国政府于同年 9 月 30 日签订了《中华人民共和国政府和大韩民国政府科学技术合作协定》（以下简称《科技合作协定》）。中韩两国签订《科技合作协定》以来，科技与创新合作发展迅速，成果丰硕。在各项合作机制的推动下，中韩两国不断丰富和提高合作内涵与合作水平，在通信技术、生物技术等领域取得了诸多成绩。中韩技术合作的方式主要有三种：一是建立联合研究项目。中韩两国分别于 2013 年和 2014 年签订了《中华人民共和国科学技术部与大韩民国产业资源通商部关于加强应用技术研发与产业化合作的谅解备忘录》和《中国科学技术部与韩国未来创造科学部关于开展大型产学研联合研究项目合作的谅解备忘录》，在此框架下，中国科学技术交流中心又分别与韩国技术风险财团和韩国产业资源通商部在 2016 年、2017 年签署了合作谅解备忘录，一系列合作项目的签订旨在建立两国科技部门的长效合作机制，深化双方在项目执行与管理层面的合作。二是中国科学技术交流中心与韩国科研主管机构签订科学合作协议，以促进中韩两国青年科学家交流合作。中韩两国于 1994 年启动的"中韩青年科学家交流计划"，一直是中韩两国青年科学家提升科研创造能力与积累研究经验的重要平台，在提升两国科技水平方面发挥了积极作用。该项目资助的领域主要包括自然科学、工程技术以及科技政策与管理领域，近年来重点优先资助生物科技、信息通信、可再生能源、医疗医学、航空航天、气候变化（适应）等领域[1]。三是举办科技创新论坛或研讨会，搭建科技创新合作平台。长期以来，开展研讨会成为两国研究人员加强创新合作的有效方式之一，有些研讨交流会议已经形成了固定机制，如中韩生物技术合作发展论坛、中韩核聚变双边合作联合协调委员会会议、中韩科技合作联委会会议等，研讨会的举办有利于科研人员进行交流合作，分享创新成果，从而提升创新能力。

8.1.4　中国—澳大利亚技术合作现状

澳大利亚是南半球经济最发达的国家，拥有丰富的矿产资源与能源资源，在农业、海洋学和南极科考等领域处于世界领先位置，在医药和生物领域、矿产加工及采矿技术领域也拥有较大优势。近年来，中澳两国为全面提升贸易伙伴关系，形成了多种多样的科技合作与交流机制，以全面深化两国的科学技术合作。2011 年中国科技部与澳大利亚工业部设立的"中澳科学与研究基金"，为近年来中澳联合能源研究中心，中澳联合小麦改良中心，中澳联合矿产、冶金和材料研究中心等中澳联合研究中心提供了一系列支持。2016 年在中澳两国总理的见证下，中国科技部火炬中心与澳大利亚新南威尔士大学签署了《关于创建新南威尔士大学火炬创新园区的合作协议》，在此框架协议下建立起首个中国海外火炬创新园区，开启了中澳科技创新合作的新篇章。2017 年江苏宜兴环保科技工业园与澳大利亚新南威尔士大学共建的"新南威尔士大学（宜兴）环境技术创新中心"继续推动中澳两国在创新创业与技术转移等方面的密切合作，成为中澳科技合作园区的示范项目。中澳合作项目的重点领域包括食品与农业经济，采矿技术、设备与服务，海洋科学与工程。在农业技术合作领域，中澳两国先后启动了一系列中澳农业技术基金合作项目，双方高度关注基因培育等多项高新农业科技；在新材料合作研发领域，由江苏大学牵头与澳大利亚国立大学等共建了"中国—澳大利亚功能分子材料联合研究中心"；在信息产业领域，华为在悉尼设立创新中心，并开展了 IT 领域人才交流与培训。

8.1.5　中国—新西兰技术合作现状

中国和新西兰作为太平洋岛国的重要合作伙伴，建交五十余年来中新

---

① 资料来源：中华人民共和国科学技术部。

关系沿着健康稳定的轨道向前发展。1987 年中新签署的政府间科技合作协定开启了双方科学技术领域合作的篇章，随后为扩大科技合作的影响力，中新两国政府又签订了一系列的合作协议，主要包括 2003 年签订的《中华人民共和国政府和新西兰政府科学技术合作协定》，对 1987 年的协定进行了补充修订；2018 年中国—新西兰科技合作联委会会议共同签署了《中国—新西兰科技合作五年路线图安排（2018—2022）》①，双方一致同意之后五年内在水资源、非传染性疾病与食品安全、食品保障三个优先领域与更宽泛的领域继续推进中新技术合作，为中新合作提供了新的方向。除了形成以协议为基础的合作框架，两国主管部门还建立了科技合作联委会机制，以加强两国之间的科技合作联系；两国科研机构共建联合实验室和联合研发中心，高校和企业共同建设海外创新中心，通过这些平台促进中新科学家之间的交流，支持两国创新人员互访，不断发挥推进双边创新合作发展的积极作用。

8.2 中国与 RCEP 成员国技术合作测度与评价

随着 RCEP 的推进与落实，以专利和论文为依托的国家技术合作正在进一步深化。合作专利的申请与合作论文的发表是两国技术合作的重要产出（叶阳平 等，2016）。合作专利作为研究知识共享与创新合作最有效的途径之一，是国际协同技术创新的重要体现，国际合著论文在一定程度上反映了技术与知识资本国际扩散的有效途径，体现了各国科学研究的基本格局（韩涛 等，2013）。因此，为进一步探究中国与 RCEP 其他成员国技术合作的变化趋势，本节采用定量分析的研究方法从合作专利与合作论文两个角度进行分析。

8.2.1 中国与 RCEP 成员国专利合作测度与评价

8.2.1.1 数据来源与国际技术合作指标

1. 数据来源

OCED 中的欧洲专利局 PATSTAT 数据库（2022 年春季）是一个由欧

---

① 资料来源：中华人民共和国科技部。

洲专利局研发的、面向统计决策的专利数据库，该数据库系统规范地收集了各个国家（地区）的专利统计数据，在国际技术合作相关问题的研究方面具有较强的可用性与国际可比性。本书采取 PATSTAT 数据库公布的专利国际合作指标相关数据，获取条件限定为：第一，数据选取范围是依据专利合作条约（PCT）申请的专利；第二，根据已公布的最新数据，选取专利申请年份为 2011—2020 年的数据；第三，鉴于数据的可获得性，选取中国、日本、韩国、澳大利亚、新西兰与东盟部分国家（印尼、马来西亚、菲律宾、泰国、新加坡)①为研究对象，同时只选取中国大陆地区数据。

2. 国际技术合作指标

参考 Guellec D 等（2001）的做法，用 PC_i 表示国家（地区）i 的国际合作发明专利比例，用于测度国际合作发明的程度，计算公式为

$$PC_i = TCP_i / TP_i \tag{8.1}$$

其中，TCP_i 表示国家（地区）i 的国际合作发明专利总数；TP_i 表示国家（地区）i 的发明专利总量。

8.2.1.2　RCEP 成员国产出及国际技术合作整体情况

表 8.1 列出了 2011—2020 年 RCEP 成员国的专利产出总量。总体来看，RCEP 成员国的专利申请总量快速增长，从 2011 年的 71 335 件增长到 2020 年的 113 629 件，专利申请总量增长了 59.3%；RCEP 成员国的专利申请总量占世界专利申请总量的比重从 2011 年的 39.9%增长到 2020 年的 48.6%，表明 RCEP 成员国在全球技术创新中占据的份额逐渐增大。在 RCEP 成员国中，日本、中国和韩国是专利申请总量排名前三位的国家，其技术创新能力在 RCEP 成员国中具有明显优势。

表 8.1　RCEP 成员国及世界的专利产出总量

单位：项

国家（地区）	2011 年	2012 年	2013 年	2014 年	2015 年	2016 年	2017 年	2018 年	2019 年	2020 年
中国	16 974	19 223	21 899	25 805	29 393	40 692	47 068	50 918	57 318	49 415
澳大利亚	1 958	1 982	1 955	2 000	2 017	2 140	2 119	2 147	2 092	1 976
日本	38 843	43 549	43 671	42 101	43 894	45 029	47 933	48 808	50 367	41 480

---

① 在 PATSTAT 数据库中，文莱、柬埔寨、老挝、缅甸、越南的样本缺失。

表8.1(续)

国家 (地区)	2011 年	2012 年	2013 年	2014 年	2015 年	2016 年	2017 年	2018 年	2019 年	2020 年
韩国	9 881	11 268	11 852	12 541	13 773	14 869	15 055	16 236	18 403	16 899
新西兰	385	382	376	408	406	349	316	334	276	316
印尼	27	37	38	44	21	27	25	25	22	27
马来西亚	373	380	390	395	372	360	346	260	270	260
菲律宾	46	44	47	44	54	49	37	40	32	38
新加坡	772	845	925	1 043	1 033	1 010	1 031	1 089	1 238	1 114
泰国	118	116	135	136	166	198	186	135	157	128
总计	71 335	79 808	83 243	86 517	93 146	106 863	116 235	122 139	132 267	113 629
世界	178 602	190 863	200 176	209 103	211 550	225 454	236 316	244 562	258 004	233 835

从国际技术合作指标来看（见表8.2），专利申请总量较高的国家国际技术合作水平较低，如日本、韩国与中国，其国际技术合作指标均低于世界水平；专利申请总量较低的国家更倾向于展开国际技术合作，排名前五的国家分别是印尼、菲律宾、新加坡、泰国和马来西亚。

表 8.2　RCEP 成员国及世界的国际技术合作指标

国家 (地区)	2011 年	2012 年	2013 年	2014 年	2015 年	2016 年	2017 年	2018 年	2019 年	2020 年
中国	7.9	8.5	8.1	7.6	6.8	5.1	5.4	5.4	5.8	4.7
澳大利亚	18.0	18.0	17.6	18.4	17.2	18.2	15.3	19.9	18.7	18.3
日本	2.2	1.9	2.1	2.1	2.1	2.1	2.5	2.8	2.8	2.7
韩国	3.9	3.9	3.6	3.2	3.0	3.2	2.5	2.5	2.3	2.1
新西兰	20.3	23.8	18.6	19.1	16.7	20.9	20.9	21.0	16.7	17.4
印尼	55.6	45.9	63.2	54.5	61.9	55.6	72.0	56.0	59.1	40.7
马来西亚	21.2	20.8	25.6	21.5	25.5	35.3	27.5	31.2	23.7	27.7
菲律宾	47.8	36.4	40.4	38.6	31.5	51.0	43.2	50.0	21.9	36.8
新加坡	33.3	37.6	34.7	36.0	37.8	36.6	33.5	38.4	37.5	35.7
泰国	41.5	44.0	42.2	47.1	33.1	32.3	31.2	37.0	32.5	32.8
世界	7.0	6.9	6.9	6.7	6.7	6.4	6.3	6.2	6.0	5.8

从 2011—2020 年 RCEP 成员国国际技术合作的时间趋势来看（见图 8.1），中国的 PC 值在近十年呈下降趋势，这主要是因为 2006 年国务院印发的《国家中长期科学和技术发展规划纲要（2006—2020 年）》明确提出，在之后 15 年内我国要增强国家自主创新能力，着力突破重大关键性技

术，在这一指导方针下，我国自主创新能力得到明显提升，专利申请数量快速增长，相应的国际合作发明专利数量也有所增加，然而由于总量基数过大，国际合作发明专利占发明专利总量的比重却呈现下降趋势。日本作为传统发明强国，其国际合作发明专利在2011—2020年呈现较为稳定的发展趋势，在2017年之后呈现上升趋势，表明日本逐渐倾向于与其他国家进行国际技术合作。与日本表现不同，韩国国际合作发明专利略有下降趋势。

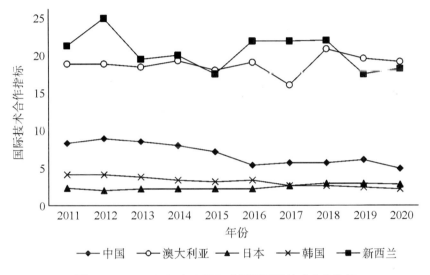

图 8.1　2011—2020 年 RCEP 成员国国际技术合作趋势

对中国与 RCEP 其他成员国的技术合作进行分析（见表 8.3）可知，新加坡是中国最大的国际合作发明伙伴。作为东盟区域内唯一的发达国家，新加坡在国际分工中处于上游位置，但是受到其自身资源禀赋的局限，其发展更依赖于全球价值链体系。新加坡通过与中国的技术合作，不仅学习到了先进的管理经验与生产技术，进一步提高了技术创新能力，而且这种技术合作也在东盟区域内部形成了互利共赢的良好示范效应。

表 8.3　中国与 RCEP 其他成员国及世界的国际技术合作指标

国家（地区）	2011 年	2012 年	2013 年	2014 年	2015 年	2016 年	2017 年	2018 年	2019 年	2020 年
澳大利亚	0.9	1.3	1.4	1.4	1.5	1.5	1.8	5.1	6.7	3.4
日本	0.2	0.3	0.3	0.3	0.3	0.4	0.8	0.9	1.0	0.6
韩国	0.1	0.2	0.5	0.2	0.3	0.4	0.3	0.3	0.2	0.2

表8.3(续)

国家 (地区)	2011 年	2012 年	2013 年	2014 年	2015 年	2016 年	2017 年	2018 年	2019 年	2020 年
新西兰	0.3	0.3	0.8	0.7	1.2	1.7	0.9	0.9	2.2	0.9
印尼	0.0	0.0	2.6	0.0	4.8	0.0	0.0	0.0	4.5	—
马来西亚	1.9	1.6	1.8	1.8	1.6	1.4	1.4	2.3	2.2	3.5
菲律宾	2.2	2.3	4.3	2.3	1.9	2.0	0.0	0.0	—	—
新加坡	2.8	3.3	3.6	2.3	3.5	4.4	4.8	4.7	6.1	6.8
泰国	4.2	5.2	1.5	0.7	1.2	2.0	0.0	2.2	2.5	2.3
世界	0.8	0.9	0.9	0.9	0.9	0.9	1.1	1.1	1.3	1.0

对比日本、韩国与中美的科技合作情况可以发现（见图 8.2 和图 8.3），2011—2019 年日本与中国的技术合作呈上涨趋势，从 2011 年的 0.2 个单位上涨到 2019 年的 1 个单位，与美国的技术合作一直保持稳定态势。2011—2020 年韩国与中国的技术合作一直处于较低水平且波动幅度较小，2013 年达到最高值为 0.5 个单位；与美国的技术合作存在下降趋势，从 2011 年的 1.9 个单位下降到 2020 年的 0.8 个单位。从横向对比看，韩国比日本更倾向于和美国展开国际技术合作。

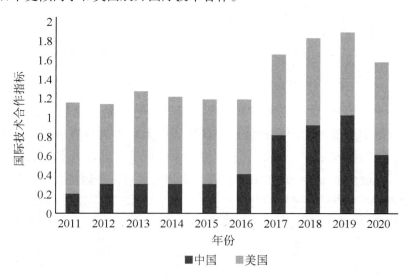

图 8.2　日本与中美的科技合作情况

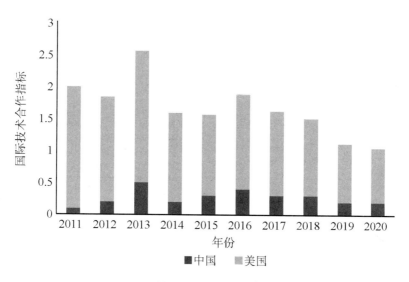

图 8.3　韩国与中美的科技合作情况

8.2.2　中国与 RCEP 成员国论文合作测度与评价

8.2.2.1　研究方法与数据来源

在研究方法上，本书通过运用文献计量学的相关知识与理论，借助文献的各种数量特征，采用数学与统计方法对国际科研合作的现状与趋势进行描述，并从发文数量、发文趋势与研究方向三个维度展开分析。在数据获取上，本书借鉴吴建南等（2016）、叶阳平等（2016）的研究，将论文地址记录中同时出现中国和相应的 RCEP 其他成员国的论文认定为国际合作论文，不考虑地址记录中是否出现其他国家的合作者，本书以 web of science 核心合集收录的中国与 RCEP 其他成员国合作产出的高被引论文为研究对象。具体检索方式是对 web of science 核心合集数据库进行检索，检索时间跨度包含所有年份，共检索到 447 606 篇论文，其中高被引论文 10 408篇。

8.2.2.2　整体合作现状

在 RCEP 其他成员国中，与中国合作论文数量排在前五位的是澳大利亚、日本、新加坡、韩国和马来西亚（见表 8.4），分别为 161 304 篇、131 217 篇、76 356 篇、66 514 篇、18 700 篇。

表 8.4 中国与 RCEP 其他成员国合作论文情况

国家	论文/篇	高被引论文/篇	国家	论文/篇	高被引论文/篇
澳大利亚	161 304	4 877	印尼	4 315	185
日本	131 217	2 605	老挝	271	10
韩国	66 514	2 098	马来西亚	18 700	707
新西兰	17 128	682	菲律宾	4 714	244
文莱	645	27	新加坡	76 356	2 319
缅甸	1 004	29	越南	8 803	551
柬埔寨	447	16	泰国	15 366	472

8.2.2.3 合作论文的变化趋势

对中国与 RCEP 其他成员国的合作论文按照时序进行分析,具体趋势如图 8.4 所示,合作论文数量呈现快速增长的趋势,从 2013 年的 18 983 篇增长到 2022 年的 56 392 篇,2021 年达到最大值为 58 959 篇,年均增长率为 13.1%。根据近十年合作论文数量的增速来看,可以将中国与 RCEP 其他成员国的论文合作分为三个阶段:第一阶段是起步期(2013—2016 年),增速保持稳定,合作论文年平均数为 25 788 篇;第二阶段是快速增长期(2017—2019 年),合作论文年平均数为 40 060 篇,是第一阶段论文数量的 1.6 倍;第三阶段是回落期(2020—2022 年),合作论文的数量增速放缓,年平均数是 56 271 篇。

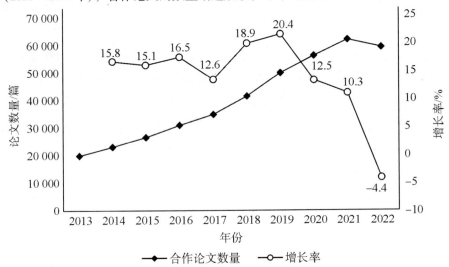

图 8.4 2013—2022 年中国与 RCEP 其他成员国合作论文变化趋势

从中国与主要 RCEP 成员国合作论文的时序分布来看（见图 8.5），2013—2021 年中国与主要 RCEP 成员国的合作论文数量均保持正向增长，但是不同国家之间的增幅存在差异，其中增长速度最快的国家是马来西亚，合作论文数量从 2013 年的 367 篇增长到 2022 年的 3 577 篇，年平均增长速度为 29.5%；年增速较低的国家是日本，从 2013 年的 5 528 篇增长至 2022 年的 10 722 篇，年平均增速仅为 7.8%。

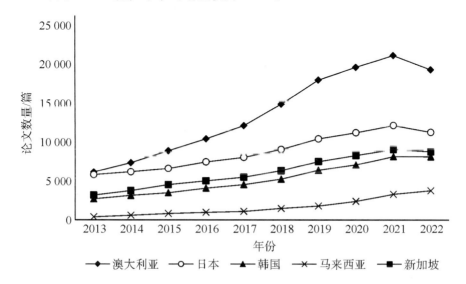

图 8.5　2013—2022 年中国与主要 RCEP 成员国国际技术合作变化趋势

8.2.2.4　合作论文的研究方向

从中国发表的 58 122 篇高被引论文中筛选出 10 408 篇中国与 RCEP 其他成员国合作的论文，通过对论文的汇总和排名，得出排名前 20 位的研究方向。由表 8.5 可知，中国与 RCEP 其他成员国合作论文的主要研究方向集中在化学、工程、材料科学、物理学和计算机科学等领域，合作论文数占比分别为 22.35%、20.49%、19.99%、14.27%、12.59%。

表 8.5　中国与 RCEP 其他成员国合作论文的主要研究方向

排名	研究方向	论文数量/篇	占比/%	排名	研究方向	论文数量/篇	占比/%
1	化学	2 326	22.35	11	数学	323	3.10
2	工程	2 133	20.49	12	电信	265	2.55

表8.5(续)

排名	研究方向	论文数量/篇	占比/%	排名	研究方向	论文数量/篇	占比/%
3	科技其他主题	2 081	19.99	13	肿瘤学	262	2.52
4	材料科学	1 485	14.27	14	地质学	242	2.33
5	物理学	1 310	12.59	15	植物科学	234	2.25
6	计算机科学	960	9.22	16	天体物理学	212	2.04
7	环境科学	888	8.53	17	商业经济学	200	1.92
8	能源燃料	706	6.78	18	生物化学	197	1.89
9	普通内科学	401	3.85	19	食品科学与技术	151	1.45
10	自动化控制系统	398	3.82	20	农业	140	1.35

对中国与主要 RCEP 成员国合作论文的研究方向进行分析，筛选出高被引论文中排名前五位的研究方向。由表 8.6 可知，中国与五个主要 RCEP 成员国合作论文的重点研究方向是工程和物理学，但是也存在各自合作的特色领域，如中马合作的环境科学、中新合作的计算机科学等。

表 8.6 中国与主要 RCEP 成员国合作论文的研究方向

单位：篇

中澳合作	中日合作	中新合作	中韩合作	中马合作
工程 (1 071)	科技其他主题 (464)	化学 (775)	化学 (359)	环境科学 (111)
化学 (850)	化学 (420)	科技其他主题 (622)	工程 (321)	科技其他主题 (107)
科技其他主题 (815)	物理学 (392)	材料科学 (504)	科技其他主题 (317)	普通内科学 (99)
材料科学 (571)	工程 (272)	工程 (467)	物理学 (260)	工程 (85)
物理学 (471)	材料科学 (271)	物理学 (356)	材料科学 (193)	物理学 (69)

8.3 经济技术合作对中国出口贸易高质量发展的影响分析

8.3.1 理论基础

8.3.1.1 跨国技术合作

当前关于跨国技术合作的研究主要集中在以下几个方面：

第一，利用不同的网络分析方法构建国际技术合作网络，测算不同国家在国际技术合作网络中的位置以及演化趋势，对国际技术合作的现状及特征进行梳理总结。较为主流的研究方法是社会网络分析法，陈欣（2020）以"一带一路"沿线国家为研究对象，利用社会网络分析法构建了 2002—2016 年"一带一路"沿线国家的科技合作网络，结果发现该科技合作网络整体结构较为松散，大部分国家还未建立科技合作关系，在其网络结构中俄罗斯与中国发挥着核心作用；周衍平等（2021）选取全球创新指数排名前 30 位的国家和地区作为研究对象，同样利用社会网络分析法构造出 2011—2019 年的国际技术合作网络，研究发现美国、德国、法国和英国一直处于国际技术合作网络的中心位置，中国、韩国和日本的发展较为强势。除此之外，复杂网络分析法也是当前用于研究技术合作网络的常用方法，刘敏等（2020）利用加权复杂网络分析法构建出 2013 年及 2019 年两个时间维度上的"一带一路"跨国技术溢出网络，研究发现中国、韩国和俄罗斯是技术溢出最多的国家，其技术创新行为可以有效地快速影响其他最短路径上的国家，这也反映出技术主要被核心国家和发达国家吸收与转化，技术溢出的新增路径主要指向欠发达国家；滕子优等（2022）利用复杂网络理论对中美与 RCEP 成员国技术合作网络的演化规律进行分析，研究发现中国与 RCEP 其他成员国的技术合作处于快速上升期，但是在合作规模上与美国相比仍存在差距，中国网络合作的稳定性依赖于清华大学、上海交通大学和华为技术有限公司。

第二，关于跨国技术合作的驱动机制研究，学者们主要从国家层面与行业层面展开。在国家层面，高珺、余翔（2021）以"一带一路"合作专利数据为研究对象，研究发现国家间的技术接近性与技术合作呈现倒"U"形关系，说明过高或者过低的技术领域的同质化均不利于提高技术合作绩效。在行业层面，受到行业异质性的影响，国际技术合作的驱动因素不尽相同（马永红 等，2021；李阳 等，2022）。许冠南等（2016）以光伏产业为研究对象，构建了37家企业的国际专利引用知识网络，利用QAP法验证了企业内外部因素对国际技术合作的影响，研究发现技术相似性与R&D强度相似性均促进了国际间的技术合作。在此基础上，李丫丫等（2022）以智能网联汽车技术为研究对象，发现技术临近性、社会临近性、政策强度成为智能网联汽车技术合作网络演化的主要驱动力。彭新艳等（2022）利用我国石油与铁路两个基础行业的专利数据验证了网络粘性在技术创新合作网络中的作用机理，发现关系粘性和结构粘性对技术创新合作的发展和绩效提升具有明显的促进作用，价值粘性存在部分调节作用，因此加强技术创新合作网络的粘性管理是驱动国家、行业和企业层面技术创新发展的重要内容。

第三，关于国际技术合作的经济影响，主要分为以下两个方面：其一，国际技术合作对于经济增长的影响。最早亚当·斯密在《国富论》中提出的社会分工理论认为技术进步是促进经济增长最深层次的因素，随后内生增长模型将技术进步作为内生变量考察其对于经济增长的影响。关于国际技术合作对于经济增长的影响，研究认为国际间的技术合作带来的知识外溢促进了经济增长，国际间的技术合作与知识流动将通过直接或者间接的溢出效应对落后国家的技术进步产生重要影响。其二，国际技术合作对技术创新的影响研究。赵胜超等（2020）将技术合作划分为科学合作和技术合作，探讨二者对于企业创新绩效的影响，发现科学合作和技术合作均会对企业创新数量与质量产生显著正向影响，且科学合作与技术合作之间存在一定的替代效应。

8.3.1.2　跨国技术合作对出口技术复杂度的影响

国内外学者对出口技术复杂度的影响因素进行了比较深入的研究（Lall S et al.，2006；孟祺，2013；盛斌，2017），主要分为两个方面：一方面强调收入水平与经济增长、进口贸易自由化、基础设施（王永进，2010）等"经济"因素的影响，另一方面侧重"技术"因素与出口技术复杂度之间的关系。随着中国经济增长方式的改变与研究样本时间跨度的增加，学术界发现技术创新对出口技术复杂度的影响逐渐加深。在早期研究中，李丽娟（2005）选取1995—2002年的统计数据较早探究了技术创新与中国高技术产品出口二者之间的关系，发现在20世纪末技术创新并未在促进中国高技术产品出口方面发挥作用。刘志彪等（2009）得出了相似结论，与经典贸易理论中强调的技术创新不同，研究认为技术创新并未成为中国本土制造业企业出口的决定因素。郭晶等（2010）也研究发现，我国高技术产业出口技术复杂度提升的主要原因是经济增长并非技术创新。后来随着科技创新在世界经济可持续发展与转型升级中发挥越来越重要的作用，科技创新成果与国际贸易的结合不断加深，对一个国家出口增长具有明显的驱动作用。出口技术复杂度作为出口产品技术含量与生产效率的综合反映，技术创新与技术进步对其产生了显著影响（戴魁早，2018）。张永旺、宋林（2019）通过测算中国制造业出口技术含量指标，检验了中国制造业自主创新和技术引进对出口技术含量的影响，发现自主创新相比于技术引进对出口技术含量的影响呈现逐步扩大的趋势。刘霞等（2022）基于城市创新能力的视角，探究了中国城市创新能力与高技术产品出口贸易的关系，研究认为城市创新能力的提升通过加强区域内的产业聚集对出口贸易产生影响，城市创新能力对产品出口贸易总额与出口边际存在显著正向影响。

进入 21 世纪以来，科技竞争成为全球经济竞争的焦点，国际间的技术创新合作已经成为提高创新能力的重要途径（党兴华，2013）。纵观现有文献可以发现，现有研究缺乏在全球科技创新的背景下，探究技术创新合作对出口贸易的影响，仅有曲如晓等（2019）选取了 2003—2016 年 27 个制造业数据实证检验了国际科技创新合作对中国出口贸易的影响。RCEP 的实施为 RCEP 成员国间的科技合作提供了空间，那么 RCEP 成员国之间的技术合作是否影响了各国出口贸易质量？RCEP 成员国内部经济发展较不均衡，技术创新在发达地区与欠发达地区间是否存在差异性影响？基于以上问题，本书以国际专利合作数据作为衡量 RCEP 成员国经济技术合作的指标，利用 2010—2021 年各成员国出口贸易数据测算出各成员国的出口技术复杂度，以考察国际间技术合作对出口贸易的影响。

8.3.2　研究假设

内生增长理论强调技术创新发挥的重要作用（Grossman et al.，1993），技术创新水平的提升会刺激不同生产要素的重组与替代，在不断提升劳动生产效率的过程中提高产品出口复杂度，对高质量出口贸易的发展具有积极作用（刘立力，2023）。技术合作作为技术创新的重要方式之一，对出口技术复杂度的提升具有重要的推动作用。技术合作由各国企业技术人员、高校科研人员以及企业家通过正式或非正式的学术研讨等方式交换异质性知识，实现技术成果的外溢与扩散。这种技术外溢带来的高水平的技术创新，提高了技术相对落后国家的产品出口技术复杂度。因此，本书提出如下假设：

H8-1：技术合作对于出口技术复杂度的提升具有显著的促进作用。

对于发展中国家来说，要想实现更高水平的出口贸易与可持续的经济增长，就必须拥有更快的技术创新速度，选择适宜的技术创新方式就变得尤为重要。从资源禀赋的视角来看，一国最适宜的技术结构是由这个国家的要素禀赋结构内生决定的，资源禀赋的不同决定了技术创新的不同方式（林毅夫，2006）。然而对于欠发达国家来说，其资本相对稀缺，劳动力资源相对丰富，如果按照比较优势理论则应该集中于劳动密集型产业，但是劳动密集型产业的技术含量相对较低或技术已经发展成熟，不需要太多的技术研发，因此通过自主研发能力提高技术创新水平的方式不太适用于发展中国家（林毅夫，2005）。从技术创新的成本来看，发展中国家更倾向于寻找一种更为低廉的技术进步方式，比如技术引进、技术转移等，但是在技术引进过程中，发达国家出于保护国家自身利益的考虑，会采用专利保护政策，限制了发展中国家的技术学习与技术创新能力，以及出口优势的提升（刘志彪 等，2009），因此技术合作成为发展中国家向发达国家引进适宜技术的最优选择。一方面，发展中国家可以根据本国资源禀赋所决定的比较优势选择合作研发的技术领域，以提升自身的技术水平；另一方面，发展中国家可以充分利用国际技术溢出所带来的好处，通过与发达国家在前沿领域进行技术合作，以积累知识，促进技术进步，从而向发达国家技术水平靠拢。对于发达国家通过自主研发的单一技术创新路径而言，发展中国家通过技术合作的方式能够获得更快的技术创新速度，同时由于发展中国家技术创新的边际回报率更高，并且技术创新在发展中国家的弹性大于发达国家（Bayraktutan Y，2018），因此本书提出如下假设：

H8-2：技术合作对发展中国家出口技术复杂度的影响更大。

8.3.3 研究设计

8.3.3.1 变量选取与数据来源

1. 变量选取

本节的被解释变量为出口技术复杂度（Export）。关于高质量出口的量化分析，现有文献主要采取出口技术复杂度指标（export sophistication，ES）进行测算，出口技术复杂度越高，表明出口产品包含的科技要素越多。本书借鉴 Hausmann 等（2007）的测算方法计算 RCEP 成员国的出口技术复杂度。具体做法是，首先计算出每类出口产品的技术复杂度（PRO-DY），计算公式为

$$\mathrm{PRODY}_j = \sum_i \frac{x_{ij}/X_i}{\sum_i (x_{ij}/X_i)} Y_i \tag{8.1}$$

其中，i 为国家，j 为商品出口类别，X_{ij} 为 i 国出口 j 类商品的贸易额，X_i 为 i 国商品出口总额，Y_i 为各国的人均 GDP。其次，在上一步计算结果的基础上，通过加权计算出各国的出口技术复杂度，计算公式为

$$\mathrm{Export}_i = \sum_j \frac{x_{ij}}{X_{ij}} \mathrm{PRODY}_j \tag{8.2}$$

为消除数据异方差的影响，对最终各国出口技术复杂度进行对数处理。

本书的核心解释变量为经济技术合作（cotech）。一般认为，专利作为技术创新的重要产出，是 RCEP 各成员国间技术合作的直接体现（Wal，2008），根据现有研究的做法，本书选取 RCEP 各成员国的国际合作专利指标代表经济技术合作水平。

我们选取的控制变量如下：

研发投入（rd）。一般认为，一国的研发投入水平与本国的技术创新能力密切相关，研发投入水平越高，代表技术创新能力越高，有助于提升本国产品出口技术复杂度。本书以研发支出占 GDP 的比重表示研发投入，以消除经济规模的影响。

经济发展水平（pgdp）。现有研究表明，一国商品的出口贸易结构在很大程度上取决于该国的经济发展水平（张雨 等，2015），本书选取人均国内生产总值表示经济发展水平。

贸易开放度（trade）。作为影响国际贸易往来的重要因素，贸易开放度对技术进步具有明显的促进作用，会对出口技术复杂度产生显著影响。本书选取一国进出口总额占 GDP 的比重表示该国的贸易开放度。

人力资本（human）。人力资本作为提升创新能力、促进技术进步的重要因素，可以通过促进知识资本的积累提高出口技术复杂度（郑展鹏，2017）。本书选取高等院校入学率来度量人力资本。

2. 数据来源

本书以2011—2020年9个RCEP主要成员国的出口技术复杂度的面板数据为研究对象开展实证检验。其中，出口贸易数据主要来自联合国贸易与发展会议数据库（UN COMTRADE），合作专利数据主要来自欧洲专利局PATSTAT数据库，其余控制变量数据主要来自世界银行世界发展指数数据库（见表8.7）。为保证数据完整性，本书采用均值法补充部分国家的经济发展缺失值。

表8.7　变量解释及数据来源

变量	变量解释	数据来源
出口技术复杂度（Export）	根据进出口贸易额计算得出	UN COMTRADE
经济技术合作（cotech）	各国的国际合作专利指标	欧洲专利局PATSTAT数据库
研发投入（rd）	研发支出占GDP的比重	世界银行世界发展指数数据库
经济发展水平（pgdp）	人均国内生产总值	世界银行世界发展指数数据库
贸易开放度（trade）	进出口总额占GDP的比重	世界银行世界发展指数数据库
人力资本（human）	高等院校入学率	世界银行世界发展指数数据库

8.3.3.2　计量模型构建

基于上述分析，本书将出口技术复杂度（Export）作为被解释变量，将经济技术合作（cotech）作为核心解释变量，控制变量为研发投入（rd）、经济发展水平（pgdp）、贸易开放度（trade）、人力资本（human），计量模型如下所示：

$$\ln \mathrm{Export}_{it} = c + \beta_1 \ln \mathrm{cotech}_{it} +\beta_2 \ln \mathrm{rd}_{it} +$$
$$\beta_3 \ln \mathrm{pgdp}_{it} + \beta_4 \ln \mathrm{trade}_{it} + \beta_5 \ln \mathrm{human}_{it} + \varepsilon_{it} \qquad (8.3)$$

其中，i表示国家，t表示年份；$\ln \mathrm{Export}_{it}$代表被解释变量出口质量，$\ln \mathrm{cotech}_{it}$代表核心解释变量技术合作；其余为一系列控制变量，β为回归系数，ε_{it}是随机误差干扰项。

8.3.4 计量结果与分析

8.3.4.1 平稳性检验

为避免在回归分析中出现伪回归现象而对最终回归分析造成误导，本书在计量中首先对数据进行平稳性检验，对于面板数据一般采用 LLC 与 ADF 两种单位根检验方法，如果在两种检验中均存在拒绝单位根的原假设，则证明所有变量均属于平稳序列，可以进行下一步回归分析。本书对所有变量进行单位根检验后发现，个别变量属于非平稳序列，在一阶差分后表现出平稳特征，可以进行下一步分析。

8.3.4.2 回归分析

根据前文技术合作对出口质量影响的模型设定，本书选取 2011—2020 年 9 个 RCEP 主要成员国①的面板数据作为研究样本，并使用静态面板模型进行分析。首先对模型进行固定效应与随机效应估计，表 8.8 列出了固定效应模型与随机效应模型的估计结果；其次对固定效应模型与随机效应模型进行 Hausman 检验，估计检验 p 值为 0.001，拒绝样本个体效应与回归变量之间不存在相关的原假设，因此应选用固定效应模型的估计结果。

由固定效应模型回归结果可知，lncotech 的系数为 0.06，在 1% 的水平上显著为正，表明国际技术合作数量每增加 1%，出口技术复杂度就会提升 0.06%，假设 H8-1 得到验证。在其他控制变量中，人力资本对出口产品的技术复杂度也具有正向的促进作用，具体表现为高等院校的入学率每增加 1%，出口技术复杂度就会提升 0.201%。研发投入、经济发展水平对出口技术复杂度均存在显著正向影响，而贸易开放度对出口技术复杂度的影响不明显。

表 8.8 基准回归结果

ln Export	固定效应	随机效应
ln cotech	0.06*** (0.019)	0.087*** (0.02)
ln rd	0.021* (0.011)	0.007 (0.013)

---

① 这 9 个国家包括中国、日本、韩国、澳大利亚、新西兰、新加坡、泰国、马来西亚、印度尼西亚。

表8.8(续)

ln Export	固定效应	随机效应
ln pgdp	0.642*** (0.053)	0.38*** (0.043)
ln trade	−0.005 (0.047)	−0.217*** (0.035)
ln human	0.201*** (0.023)	0.169*** (0.029)
Constant	7.011	10.332
Observations	90	90
R^2	0.853	0.787

注:*、**、***分别表示在10%、5%、1%水平上显著,括号内表示估计标准误,下同。

为进一步探究国际技术合作对发达国家与发展中国家的异质性影响,本书将研究样本分为发达国家与发展中国家两组进行分组估计。由固定效应模型回归结果可知(见表8.9),对于发达国家而言,国际技术合作对出口技术复杂度的影响在5%的水平上显著为正,国际技术合作每增加1%,发达国家的出口技术复杂度会增加0.063%;对于发展中国家而言,国际技术合作对出口技术复杂度的影响在1%的水平上显著为正,国际技术合作每增加1%,发展中国家的出口技术复杂度会增加0.085%,说明国际技术合作对发展中国家的出口技术复杂度产生了更大的影响,由此假设H8-2得到验证。

表8.9 经济技术合作对RCEP成员国的异质性影响

ln Export	发达国家	发展中国家
ln cotech	0.063** (0.028)	0.085*** (.017)
ln rd	0.123* (0.07)	0.028*** (0.009)
ln pgdp	1.038*** (0.109)	0.492*** (0.05)
ln trade	0.11** (0.052)	−0.02 (0.054)

表8.9(续)

ln Export	发达国家	发展中国家
ln human	0.17 *** (0.03)	0.11 *** (0.029)
Constant	1.865	8.309
R^2	0.904	0.940

本章利用 2010—2021 年 RCEP 主要成员国的出口贸易数据，将国际专利合作数据作为衡量 RCEP 成员国经济技术合作的指标，实证检验了国际技术合作对出口贸易质量的影响，主要结论有：①从国际技术合作对出口贸易质量的回归结果来看，国际技术合作作为技术创新的重要方式之一，对于各国出口贸易质量的提升具有显著的促进作用；②相较于发达国家，技术创新合作对于发展中国家出口技术复杂度的提升具有更深远的影响。

根据上述研究结果，RCEP 各成员国政府要促进跨区域的技术创新合作。首先，RCEP 各成员国应该大力提升国际经济技术合作的广度与深度，充分高效利用全球科技资源，加速提升自身创新能力。其次，我国应加强与东盟和"一带一路"沿线国家的多边技术合作，积极构建 RCEP 区域内的技术创新合作网络，培养具有创新能力的科研人员、研发机构与企业，构建区域内与区域间的科技合作创新平台，提高 RCEP 成员国之间的区域创新能力。最后，对于 RCEP 成员国中的发展中国家而言，要充分利用跨国公司在本国进行研发投资的资源，以逐步缩短技术差距，跟进全球科技创新进程，全面提升本国科技创新的国际合作水平。

参考文献

中文文献

[1] 王睿, 张爱瑜. 中国与东盟贸易效率国别比较与竞争优势研究 [J]. 中国软科学, 2022, 380 (8): 151-161.

[2] 李林蔚, 张璐, 李晓峰. 中国与 "21 世纪海上丝绸之路" 沿线地区农产品贸易结构分析 [J]. 经济问题探索, 2022, 485 (12): 169-180.

[3] 燕春蓉, 张秋菊. 经济全球化背景下中国与德国的贸易发展研究: 基于贸易竞争性和互补性的实证分析 [J]. 世界经济研究, 2010 (9): 45-51, 88.

[4] 周文慧, 钞小静. 自由贸易试验区建设推进中国高质量出口了吗? [J]. 经济评论, 2023, 240 (2): 92-106.

[5] 陈昌盛, 胡翠, 许伟. 我国出口竞争力评估与结构性挑战: 2012年以来我国商品国际竞争力研究 [J]. 管理世界, 2022, 38 (12): 26-38, 39, 75.

[6] 张亚斌, 马莉莉, 刚翠翠. "一带一路" 数字服务出口增加值、价值链地位及其决定因素: 基于全球多区域投入产出模型的实证研究 [J]. 经济问题探索, 2021, 468 (7): 177-190.

[7] 盛斌, 毛其淋. 进口贸易自由化是否影响了中国制造业出口技术复杂度 [J]. 世界经济, 2017, 40 (12): 52-75.

[8] 朱智洺, 李红艳, 姚婷. 智能化对制造业出口贸易高质量发展的影响研究 [J]. 工业技术经济, 2023, 42 (2): 125-133.

[9] 周文慧, 钞小静. 自由贸易试验区建设推进中国高质量出口了吗? [J]. 经济评论, 2023, 240 (2): 92-106.

[10] 孟夏, 董文婷. 企业数字化转型与出口竞争力提升: 来自中国上市公司的证据 [J]. 国际贸易问题, 2022, 478 (10): 73-89.

[11] 张宇璇. 全球价值链背景下 FDI 对中国出口增加值影响研究 [D]. 长春：吉林大学，2022.

[12] 胡赛. 出口信用保险影响下的出口贸易高质量发展研究：以浙江省为例 [J]. 商业经济与管理，2018，326（12）：63-76.

[13] 杨逢珉，程凯. 贸易便利化对出口产品质量的影响研究 [J]. 世界经济研究，2019，299（1）：93-104，137.

[14] 王直，魏尚进，祝坤福. 总贸易核算法：官方贸易统计与全球价值链的度量 [J]. 中国社会科学，2015，237（9）：108-127，205-206.

[15] 耿伟，吴雪洁，叶品良. 数字服务贸易网络对出口国内增加值的影响：来自跨国数据的经验证据 [J]. 国际贸易问题，2022，480（12）：90-110.

[16] 赵静媛，何树全，张润琪. RTA 数字贸易规则对数字行业增加值贸易的影响研究 [J]. 世界经济研究，2022，343（9）：48-61，136.

[17] 高越，魏俊华. RCEP 关税减让与制造业价值链地位变化：基于动态递归 CGE 模型的测算 [J]. 世界经济研究，2023（6）：43-59，135.

[18] 秦若冰，马弘. 消费品关税减让的价格效应与福利分析：来自 2017—2019 年关税改革的经验证据 [J]. 经济学（季刊），2023，23（2）：409-424.

[19] 吕建兴，张少华. 中国自由贸易区关税减让的进口贸易效应：基于关税减让幅度和过渡期的视角 [J]. 财经研究，2022，48（11）：139-153.

[20] 曹亮，直银苹，谭智，等. 中国—东盟自由贸易区中间品关税减让对中国农业高质量发展影响研究 [J]. 宏观经济研究，2022，278（1）：74-90.

[21] 魏方，王璐，张伊雯. 中间品进口关税减让对出口高质量发展的影响：来自中国工业行业的证据 [J]. 技术经济，2021，40（11）：62-70.

[22] 施锦芳，赵雪婷. RCEP 关税减让对中日韩经贸关系的影响研究 [J]. 财经问题研究，2022，458（1）：120-129.

[23] 刘璇，孙明松，朱启荣. RCEP 关税减让对各成员国的经济影响分析 [J]. 南方经济，2021，382（7）：34-54.

[24] 徐博，杨来科，常舟. 中间品关税减让对企业全球价值链生产长

度的影响［J］．世界经济研究，2021，326（4）：12-27，134．

［25］徐保昌，闫文影，李秀婷．环境合规推动贸易高质量发展了吗？［J］．世界经济与政治论坛，2022，352（3）：122-149．

［26］付文宇，赵景峰，李彦．中国对外贸易高质量发展的测度与评价［J］．统计与决策，2021，37（22）：130-134．

［27］成新轩．中国自由贸易区高质量发展：国内国际双循环相互促进的"啮合点"［J］．河北大学学报（哲学社会科学版），2021，46（5）：122-129．

［28］洪俊杰，毕斐斐，杨志浩．推进贸易高质量发展的路径研究：基于全要素生产率的视角［J］．国际贸易，2020（4）：40-47．

［29］杨娱，田明华，秦国伟．我国木质林产品贸易高质量发展的路径：基于全球价值链理论与FDI对贸易的影响分析［J］．学术论坛，2018，41（6）：85-92．

［30］胡赛．出口信用保险影响下的出口贸易高质量发展研究：以浙江省为例［J］．商业经济与管理，2018，326（12）：63-76．

［31］匡增杰．基于发达国家海关实践经验视角下的促进我国海关贸易便利化水平研究［J］．世界贸易组织动态与研究，2013，20（1）：19-28．

［32］张凤，孔庆峰．贸易便利化对中国相对出口结构的非对称性影响：来自产业层面的经验证据［J］．经济问题探索，2014，386（9）：180-185．

［33］钱学锋，梁琦．测度中国与G7的双边贸易成本：一个改进引力模型方法的应用［J］．数量经济技术经济研究，2008，26：53-62．

［34］朱延福，梁会君．企业异质性、国内市场贸易成本与扩大中国内需：Melitz模型在中国主要制造业的理论扩展及经验分析［J］．财经论丛（浙江财经大学学报），2013，171（2）：15-19．

［35］王领，桑梦倩．中国与新兴市场的贸易成本及其影响因素研究［J］．哈尔滨商业大学学报（社会科学版），2019，167（4）：75-82．

［36］卢仁祥，刘芳，孙丽江．增加值贸易视角下中国制造业贸易成本测度及其影响因素研究［J］．世界经济研究，2022，345（11）：58-71，136．

［37］孟庆雷，王煜昊．"一带一路"国家贸易便利化对出口技术复杂度的影响［J］．中南民族大学学报（人文社会科学版），2022，42（12）：123-133，197．

［38］史亚茹，于津平，毕朝辉. 贸易便利化与企业技术升级［J］. 国际经贸探索，2022，38（7）：72-85.

［39］陆亚琴，韩雨杉. RCEP 成员国贸易便利化对中国制造业全球价值链地位的影响［J］. 价格月刊，2022（11）：61-70.

［40］毛艳华，邱雪情，王龙. "一带一路"贸易便利化与共建国家全球价值链参与［J］. 国际贸易，2023，493（1）：11-20，65.

［41］李波，杨先明. 贸易便利化与企业生产率：基于产业集聚的视角［J］. 世界经济，2018，41（3）：54-79.

［42］刘文. "一带一路"沿线国家贸易便利化对我国出口贸易的影响［J］. 商业经济研究，2023，864（5）：135-139.

［43］马梦燕，闫师，张晓恒. 贸易便利化对加工农产品出口质量的影响：以中国和"一带一路"沿线国家（地区）出口为例［J］. 世界农业，2023，525（1）：30-43.

［44］陈甫军，王诗婷. 贸易便利化如何促进中国与"丝绸之路经济带"沿线国家双边贸易［J］. 社会科学战线，2022，329（11）：46-56.

［45］耿伟，吴雪洁，叶品良. 数字服务贸易网络对出口国内增加值的影响：来自跨国数据的经验证据［J］. 国际贸易问题，2022，480（12）：90-110.

［46］史青，伊灿，孙洁. 减排目标约束、进口中间投入替代与企业出口增加值［J/OL］. 经济与管理评论，2023（2）：147-160.

［47］连增，孙艺华. 中国对外直接投资与非洲东道国出口贸易结构升级［J］. 北京社会科学，2022，236（12）：80-91.

［48］吴金龙，陈启斐，傅康生. 服务业对外直接投资的出口效应：基于我国微观企业的研究［J］. 南方经济，2021，385（10）：66-84.

［49］鲍静海，韩小蕊. 我国对"一带一路"沿线国家直接投资的出口效应［J］. 中国流通经济，2021，35（4）：82-92.

［50］王恕立，吴楚豪. 制造企业"服务化"能否提升出口国际竞争力？：来自中国制造企业的证据［J］. 产业经济研究，2020，107（4）：16-31.

［51］李骥宇，李宏兵. 中国对外直接投资如何影响出口竞争力提升？：基于"一带一路"战略下技术密集型产品的实证研究［J］. 经济经纬，2018，35（5）：9-16.

[52] 刘艳, 黄苹. 生产者服务进口、FDI 与制造业出口竞争力实证分析 [J]. 重庆大学学报（社会科学版）, 2015, 21 (3): 42-49.

[53] 孙纲. 外商直接投资与我国出口贸易关系的实证研究 [J]. 国际商务（对外经济贸易大学学报）, 2010, 133 (2): 62-70.

[54] 杨长志. FDI 是否降低了中国内资企业的出口竞争力?: 基于显示比较优势的研究 [J]. 经济学家, 2009, 125 (5): 15-20.

[55] 陶爱萍, 程尧, 吴文韬. 双向 FDI 能否提升出口技术复杂度?: 兼论知识产权保护的"自锁陷阱" [J]. 财经问题研究, 2022, 467 (10): 83-91.

[56] 赖永剑, 贺祥民. 前端环境治理、异质 FDI 溢出与本土企业出口绿色技术复杂度: 基于倾向得分匹配倍差法的检验 [J]. 国际商务（对外经济贸易大学学报）, 2021, 203 (6): 137-153.

[57] 陈虹, 曹毅. 双向国际投资对服务业出口技术复杂度的影响: 基于新兴服务贸易领域跨国面板的实证研究 [J]. 宏观经济研究, 2020, 262 (9): 140-152.

[58] 丁一兵, 宋畅. 出口市场份额、FDI 流入与中国制造业出口技术复杂度 [J]. 国际贸易问题, 2019, 438 (6): 117-132.

[59] 韩玉军, 王丽, 撒莉. 服务业 FDI 对出口技术复杂度的影响研究: 基于 OECD 国家和中国的经验数据考察 [J]. 国际商务（对外经济贸易大学学报）, 2016, 170 (3): 54-64.

[60] 程永生. 贸易投资自由化与国际经济技术合作 [J]. 当代亚太, 1999 (10): 55-57.

[61] 邓美薇, 张季风. 中日科技合作: 演进历程、新挑战与破解路径 [J]. 现代日本经济, 2022, 41 (1): 13-26.

[62] 叶阳平, 马文聪, 张光宇. 中国与"一带一路"沿线国家科技合作现状研究: 基于专利和论文的比较分析 [J]. 图书情报知识, 2016 (4): 60-68.

[63] 韩涛, 谭晓. 中国科学研究国际合作的测度和分析 [J]. 科学学研究, 2013, 31 (8): 1135, 1136-1140.

[64] 吴建南, 杨若愚. 中国与"一带一路"国家的科技合作态势研究 [J]. 科学学与科学技术管理, 2016, 37 (1): 14-20.

[65] 陈欣. "一带一路"沿线国家科技合作网络演化研究 [J]. 科学

学研究，2020，38（10）：1811-1817，1857.

[66] 周衍平，徐华杰，寇园园，等. 国际技术合作网络位置及演化特征研究 [J]. 科学管理研究，2021，39（2）：159-165.

[67] 刘敏，薛伟贤，何黎松. "一带一路"跨国技术溢出网络空间演化与路径识别：加权复杂网络分析视角 [J]. 科技进步与对策，2020，37（23）：46-53.

[68] 滕子优，朱雪忠，胡成. 中美与 RCEP 成员技术合作网络演化及稳定性研究 [J]. 中国科技论坛，2022（12）：169-178.

[69] 高珺，余翔. 技术接近性对国际技术合作影响：基于"一带一路"国家专利合作的研究 [J]. 科学学研究，2021，39（6）：1050-1057.

[70] 马永红，杨晓萌，孔令凯. 关键共性技术合作网络演化机制研究：以医药产业为例 [J]. 科技进步与对策，2021，38（8）：60-69.

[71] 李阳，唐玉洁. 基于专利信息的关键共性技术合作模式研究：以生物技术领域为例 [J/OL]. 科技进步与对策，（2022-07-14）[2023-02-19].http://kns.cnki.net/kcms/detail/42. 1224. g3. 20220712. 1144. 004. html.

[72] 许冠南，潘美娟，周源. 基于 QAP 分析的国际知识流动影响要素研究：以光伏产业为例 [J]. 科学学与科学技术管理，2016，37（10）：49-62.

[73] 李丫丫，张欣悦，罗建强，等. 智能网联汽车跨国技术合作网络结构特征与驱动机制研究 [J]. 科技进步与对策，2022，39（21）：12-22.

[74] 彭新艳，谢亮冯，刘鸿渊. 技术创新合作网络粘性多维认识与作用机理研究：以两个基础行业为例 [J]. 软科学，2022，36（5）：61-67.

[75] 赵胜超，曾德明，罗侦. 产学研科学与技术合作对企业创新的影响研究：基于数量与质量视角 [J]. 科学学与科学技术管理，2020，41（1）：33-48.

[76] 孟祺. 中国出口产品国内技术含量的影响因素研究 [J]. 科研管理，2013，34（1）：63-69.

[77] 盛斌，毛其淋. 进口贸易自由化是否影响了中国制造业出口技术复杂度 [J]. 世界经济，2017，40（12）：52-75.

[78] 王永进，盛丹，施炳展，等. 基础设施如何提升了出口技术复杂度？[J]. 经济研究，2010，45（7）：103-115.

［79］魏龙，李丽娟. 技术创新对中国高技术产品出口影响的实证分析
［J］. 国际贸易问题，2005（12）：32-34，40.

［80］刘志彪，张杰. 我国本土制造业企业出口决定因素的实证分析
［J］. 经济研究，2009，44（8）：99-112，159.

［81］郭晶，杨艳. 经济增长、技术创新与我国高技术制造业出口复杂
度研究［J］. 国际贸易问题，2010（12）：91-96.

［82］戴魁早. 技术市场发展对出口技术复杂度的影响及其作用机制
［J］. 中国工业经济，2018（7）：117-135.

［83］张永旺，宋林. 技术引进、自主创新与出口技术含量：兼论技术
引进向自主创新的过程转变［J］. 软科学，2019，33（5）：41-44，50.

［84］刘霞，张天硕，曲如晓. 中国城市创新能力对高技术产品出口的
影响研究［J］. 中国软科学，2022，376（4）：35-44.

［85］党兴华，弓志刚. 多维邻近性对跨区域技术创新合作的影响：基
于中国共同专利数据的实证分析［J］. 科学学研究，2013，31（10）：1590-
1600.

［86］曲如晓，刘霞，于晓宇. 国际科技创新合作对中国出口贸易影响
的实证研究［J］. 经济经纬，2019，36（4）：48-55.

［87］刘立力. 全球价值链嵌入、创新驱动与高技术产品出口复杂度
［J］. 技术经济与管理研究，2023（3）：38-44.

［88］林毅夫，张鹏飞. 适宜技术、技术选择和发展中国家的经济增长
［J］. 经济学（季刊），2006（3）：985-1006.

［89］林毅夫，张鹏飞. 后发优势、技术引进和落后国家的经济增长
［J］. 经济学（季刊），2005（4）：53-74.

［90］张雨，戴翔. 什么影响了服务出口复杂度：基于全球112个经济
体的实证研究［J］. 国际贸易问题，2015，391（7）：87-96.

［91］郑展鹏，王洋东. 国际技术溢出、人力资本与出口技术复杂度
［J］. 经济学家，2017（1）：97-104.

英文文献

［1］KRUGMAN P . Scale economies, product differentiation and the pattern of trade［J］. American Economic Review. 1980, 70（5）：950-959.

［2］DIXIT A K, STIGLITZ J E. Monopolistic competition and optimum product diversity [J]. The American Economic Review, 1977, 67 (3): 297–308.

[3] KRUGMAN P. Intraindustry specialization and the gains from trade [J]. Journal of Political Economy. 1981, 89 (5): 959–973.

[4] HELPMAN E, KRUGMAN P. Market structure and foreign trade [M]. MIT Press, 1985.

[5] MELITZ. The impact of trade on intra–industry reallocations and aggergate industry productivity [J]. The Economic Society. 2003, 71 (6): 1695–1725.

[6] FLAM H, HELPMAN E. Vertical product differentiation and North–South trade [J]. American Economic Review, 1987, 77 (5): 810–822.

[7] GROSSMAN G, HELPMAN E. Endogenous product ccycles [J]. The Economic Journal. 1991 (101): 1214–1229.

[8] PORTER M. The Competitive advantage of nations [J]. Harvard Business Review, 1990, 68 (2).

[9] DUNNING J H. The competitive advantage of countries and the activities of transnational corporations [J]. Transnational Corporations, 1992, 1 (1): 135–168.

[10] RUGMAN A M, JOSEPH R D. The double diamond model of international competitiveness: the Canadian experience MIR [J]. Management International Review, 1993, 33: 17–39.

[11] MOON H C, RUGMAN A M, VERBEKE A. Generalized double diamond approach to the global competitiveness of Korea and Singapore [J]. International Business Review, 1998, 7 (2). 135–150.

[12] MURPHY K M, SHLEIFER A. Quality and trade [J]. Journal of Development Economics, 1997, 53 (1): 1–15.

[13] FAN C S. Increasing returns, product quality and international trade [J]. Economica, 2005, 72 (285): 151–169.

[14] NIELSEN J, LUTHJE T. Tests of the empirical classifification of horizontal and vertical intra–industry trade [J]. Weltwirtschaftliches Archiv, 2002 (138): 587–604.

[15] FUKAO K, ISHIDO H, ITO K. Vertical intra–industry trade and

foreign direct investment in East Asia. The Japanese and International Economies. 2003, 468-506

[16] SCHOTT P K. Across-product versus within-product specialization in international trade [J]. Quarterly Journal of Economics, 2004, 119 (2): 647-678.

[17] KHANDELWAL A. The long and short (of) quality ladders [J]. Review of Economic Studies, 2010, 77 (4): 1450-1476.

[18] LIAO C H. Measuring quality in international trade [J]. Economic Systems, 2011, 35 (1): 125-138.

[19] HALLAK J C, SCHOTT P K. Estimating cross-country differences in product quality [J]. Quarterly Journal of Economics. 2011, 126 (1): 417-474.

[20] HAUSMAN R, WANG J, RODRIK D. What you export matters [J]. Journal of Economic Growth, 2007, 12 (1): 1-25.

[21] JOHNSON R C, NOGUERA G. Accounting for intermediates: Production sharing and trade in value added [J]. Journal of International Economics. 2012, 86 (2): 224-236.

[22] KOOPMAN R, WANG Z, WEI S J. Tracing value-added and double counting in gross exports [J]. American Economic Review. 2014, 104 (2): 459-494.

[23] WILSON J S, MAN C L, OTSUKI T. Trade facilitation and economic development: a new approach to quantifying the impact [J]. The World Bank Economic Review. 2003, 17 (3), 367-389.

[24] ALBERTO P, WILSON J. Export performance and trade facilitation reform: hard and soft infrastructure [J]. World Development, 2012 (7): 1295-1307.

[25] COASE R H. The nature of the firm [J]. Economica, 1937, 4 (16): 386-405.

[26] ANDERSON J E, WINCOOP E V. Gravity with gravitas: a Solution to the Border Puzzle [J]. American Economic Review, 2003, 93 (1): 170-192.

[27] NOVY D. Gravity redux: measuring international trade costs with

panel data [J]. Economic Inquiry, 2013, 51 (1):. 101-121.

[28] MUNDELL R A. International trade with factor mobility [J]. American Economic Review, 1957, 47: 321-335.

[29] RUGMAN A M, BUCKLEY P J, CASSON M. The Future of the multinational enterprise [M] London: MacMillan, 1976.

[30] DUNNING J H. Trade location of economic activityand the MNE: a search for aneclectic approach [M]. in Ohlin, B. P. O. Hesselnorn, 1977.

[31] HELPMAN E. A simple theory of international trade with multinational corporations [J]. Journal of political economy, 1984, 92 (3): 451-471.

[32] GUELLEC D, POTTERIE B . The internationalisation of technology analysed with patent data [J]. Research policy, 2001, 30 (8): 1253-1266.

[33] LALL S, WEISS J A, ZHANG J . The Sophistication of Exports: A New Trade Measure [J]. World Development, 2006, 34 (2): 222-237.

[34] GROSSMAN G M, HELPMAN E . Innovation and growth in the global economy [J]. Mit Press Books, 1993, 1 (2): 323-324.

[35] BAYRAKTUTAN Y, BIDIRDI H . Innovation and high-tech exports in developed and developing countries [J]. Journal of International Commerce Economics & Policy, 2018, 9 (3): 1850011. 1-1850011. 21.

[36] HAUSMANN R, HWANG J, RODRIK D . What you export matters [J]. Journal of Economic Growth, 2007, 12 (1): 1-25.

[37] TER WAL A L J . Cluster emergence and network evolution: a longitudinal analysis of the inventor network in sophia-antipolis [J]. Regional Studies, 2013, 47 (5): 651-668.